# Schattenspiele der Zeit

„Da habe ich den Glauben an die Schönheit verloren ...“

Richard Nowotny

Autor: Richard Nowotny
Bildmaterial: Agnes Nowotny, Gertraud Scharbl (Foto Seite 134 und 164)
Coverdesign: Walter Mösenbacher
Umschlaggestaltung: Buchschmiede Dataform Media GmbH
Lektorat: Agnes und Susanne Nowotny
ISBN: 978-3-99165-124-6

Druck und Vertrieb im Auftrag des Herausgebers: Buchschmiede von Dataform Media GmbH, Wien
www.buchschmiede.at

PRINTED IN
AUSTRIA

Möge uns dieses Zeitdokument daran erinnern, alles dafür zu tun, dass unsere und künftige Generationen von Kriegen verschont bleiben.

Für Traude und Reinhard

# Vorwort

Wenn ich an meinen Großvater zurückdenke, und ich nannte ihn nicht einfach Opa, Opi oder Großpapa, sondern einfach „Großvater", dann sehe ich einen beeindruckenden Menschen vor mir, der konzentriert an seinem Schreibtisch saß, vertieft in seine Arbeit. Meine Großmutter, die ihm innig verbunden war, achtete stets darauf, dass ihr Richard nicht durch mich gestört wurde. Richard war aber auch der Mann, der mich auf seinen Schoß nahm und seine Liebe zur Musik mit mir teilte. Er war stolz darauf, mit seiner Enkelin den Wolkersdorfer Kirtag zu besuchen, damit ich als kleines Mädchen etwas Besonderes erleben konnte.

Zwei Welten. Denn dieser Mann erlebte auch die Grausamkeiten des Zweiten Weltkrieges. Eine Zeit, über die seine Generation lange schwieg. Als Kind sind mir noch die Kriegsinvaliden in Erinnerung. Männer mit einem Bein oder Arm. Auf meine Frage nach dem Warum, bekam ich die kurze Antwort „Das ist vom Krieg."

Viele Jahre später – Großvater war damals schon rund 30 Jahre verstorben – las ich zum ersten Mal seine Lebenserinnerungen. Ich war sehr berührt vom Schicksal meiner Großeltern, als ich in ihr Leben und ihre Zeit eintauchte. Geschrieben hat Richard seine Erinnerungen rund um das Jahr 1970. Er tippte die handschriftlichen Aufzeichnungen aus seiner Jugend und Kriegszeit auf seiner Schreibmaschine Blatt für Blatt ab und hinterließ uns dieses Zeitdokument. Ich weiß nicht genau, warum er diese Erinnerungen festhielt, ob es die Verarbeitung seiner eigenen Traumata war, ob die Zeit dafür reif war oder ob er genug Abstand von den Kriegserlebnissen gewonnen hatte. Doch für ihn war es wichtig, sein Leben für die Nachwelt festzuhalten.

Die Entscheidung, seine Lebenserinnerungen zu veröffentlichen, reifte über Jahre hinweg in unserer Familie. Viele Jahre haben wir diese in der Familie weitergereicht und uns über die Erlebnisse ausgetauscht.

Die Zeiten vergehen, die Seiten vergilben, das Wort entschwindet und die Erinnerung an das Leid vergeht mit den Menschen, die es am eigenen Leib erfahren haben. Daher fassten wir als Familie den Entschluss, dass seiner Stimme nochmals Gehör verschafft werden soll und seine „Schattenspiele der Zeit“ mögen eine interessierte Leserschaft erreichen.

Seine Worte, die stellvertretend für viele Menschen seiner Generation stehen können, sollen uns Mahnmal sein. Sie stehen für eine Zeit voller Umbrüche und Dramatik, eine Zeit die uns fern erscheinen mag und doch nicht vergessen werden soll.

Daniela Nowotny, im Dezember 2023

## Inhaltsverzeichnis

## Erster Teil

Am Beginn meines Lebens stand: noch ist Friede. Noch regierte Kaiser Franz Josef I. seine mächtige österreichisch-ungarische Monarchie, und als ich am 25.4.1914 zur Welt kam, war ich Mitglied eines 50-Millionen Volkes, eben jener 50 Millionen, welche innerhalb der Grenzen der Monarchie lebten. Aber nicht lange sollte es Frieden geben. Am 28. Juni 1914 fielen die verhängnisvollen Schüsse und Bomben von Sarajewo. Das Thronfolgerpaar, Erzherzog Ferdinand und seine Gattin Sophie, waren die Opfer der Katastrophe und schon gebar diese Katastrophe ihre Kinder. Das erste war der Krieg. Am 1. August war es soweit. Ein Ring von Feinden umschloss die Monarchie und die Verbündeten, und als ich zu denken begann, und wenn ich jetzt meine ersten Erinnerungen schildere, war ich nur mehr Mitglied eines 6-Millionen Volkes. Ich weiß noch, – da ich mit meiner Mutter bei der Großmutter in der Obersdorferstraße und daher in Bahnnähe lebte – wie die tschechischen und polnischen Soldaten in überfüllten Zügen und sogar auf den Dächern der Eisenbahnwaggons, nordwärts in ihre neue Heimat fuhren. In diese Zeit fällt auch die Erinnerung an das erste Flugzeug, es war ein Doppeldecker.

Franz Josef hat das Kriegsende nicht mehr erlebt. Karl I., schuldlos unpopulär, fiel das Los der Abdankung zu. Franz Josef regierte 68 Jahre über Krisen hinweg, die festgefügte Staaten kaum überdauert hätten. Aber die Überzeugung der gottgewollten Legitimität seiner Kaiserschaft befähigte ihn, mit einem in der Geschichte beispiellosem heroischen, stummen Widerstand ein ganzes Menschenalter den destruktiven Kräften Stand zu halten, die unentwegt auf die Zerstörung der Monarchie abzielten. Sein Tod und die immer sich rascher abzeichnende Auflösung des Reiches gebar das zweite Kind der Katastrophe, diese von 1918. Die Revolution. Zwar war diese Revolution nicht wie jene in Russland oder auch in Deutschland, sie war österreichisch, friedliebend. Ihr Führer, Dr. Karl Renner und die anderen, Karl Seitz etwa, waren eher in Ehren ergraute Hofräte als Barrikadenstürmer. Es sah aus, als hätte Dr. Karl Renner, der Unterzeichner des Friedenvertrages von St. Germain, in Groll gegen seinen Kriegsherrn den Kaiserbart in einen Spitzbart verwandelt. Und so fand ich mich, als ich 1920 zur Schule ging, in einem Staate von der Größe wie ihn

Rudolf I. aus dem Babenberger Nachlass übernommen hatte. Das österreichische Volk saß an der Donau und an den Alpen.

Mein Schuleintritt 1920; als erste Lehrerin Fr. Emilie Schweinzer, nachmalige Frau Schreiber. Direktor der Schule war Wenzel Pucka, ein unnahbarer Klotz, wie mir damals schien. Aber eines weiß ich: ich ging gerne zur Schule und ich weiß keinen Tag, dass ich einmal zu spät gekommen wäre.

## Meine Ahnen

Durch den Beruf meines Vaters, er war Brunnenmeister, der immer schon zeitig aufstand, ging auch mir das frühe aus dem Bett in Fleisch und Blut über und so halte ich es auch heute noch. Auch mein Großvater war Brunnenmeister und der Urgroßvater Straßeneinräumer und dieser war es, der von Priložan, Bezirk Jaromerice, hierher zog und sich mit einer Wolkersdorferin, Wetzl, vermählte. Dadurch sind wir mit den Wetzl verwandt und u.a. auch mit Professor Leopold Wetzl, dem feinsinnigen Sprachpfleger und Herausgeber des „Naz" von Misson. Meine Großmutter väterlicherseits war eine Eisler, die Eisler waren 1/4 Lehner (Viertellehner), also kleine Bauern, und den Stamm verfolgend komme ich zu jenem Martin Wissaltzer, der auf der Denksäule (Pieta) 1675 an der Ulrichskirchnerstraße – Aufgang zu den Stixenkräutern – eingemeißelt erwähnt ist. Meine Mutter, wir waren ja nach der Heimkehr des Vaters aus dem Kriege wieder ständig in der Hofgartenstraße, meinem Geburtshaus, hatte nicht nur den Haushalt, sondern auch Feld und Stall zu betreuen. Meine Mutter war eine Zimmermeisterstochter, abstammend vom Feuerwehrhauptmann Karl Galler und dessen Frau Klara, geb. Dorfinger. Die Galler sind aus Riedenthal zugewandert. Mein Urgroßvater wird im Trauschein als Hauerknecht bescheinigt. Während die Dorfinger in Wolkersdorf sich bis 1750 verfolgen lassen. Erwähnenswert finde ich, dass Prof. Otto Stradal unter den Gefolgsleuten Rudolfs dem Vierten der Stifter – Gründer der Universität Wien 1365 – einen Galler aus Passau erwähnt.

## Kindheit

Nach diesem Abstecher zu den Ahnen, wieder zur Gegenwart. Das Volk hungerte und fror nach dem Kriege, die Inflation war im Land, in der Schule war eine „Amerikanische Ausspeisung", doch ich war behütet. Wir hatten Ziegen und Milch, wir hatten Getreide und Brot und Schweine im Stall und daher auch Fleisch. Ich muss sagen, dass mir nichts abging. Wie sich meine Eltern damals abplagten, wusste ich allerdings erst später zu schätzen.

*Richard Nowotny, ca. 1918*

Mein Vater hatte im Kriege bei gesunder Heimkehr eine Wallfahrt nach Maria Enzersdorf gelobt. Und so fuhren wir – es war wohl 1921 – dorthin. Nach dem Kirchenbesuch gingen wir auf eine der Anhöhen in der Brühl und meine Mutter hatte zur Jause „Liga“ (Margarine), die landläufige Butter nach dem Kriege, mit. Vor Abgang des Zuges saßen wir in einem Gasthausgarten und es ging sehr lärmend zu. Alle Männer sprachen noch immer vom Kriege.

In der Schule löste Frau Schreiber Herrn Jordan ab. Ein gar gestrenger Herr, der mich bis zur Bürgerschule überhatte. Pfarrer Wimmer führte mich 1923 zur 1. Kommunion und im Mai 1923 wurde ich durch Kardinal Dr. Friedrich Piffl in Wien gefirmt. Taufpate war mein Onkel Alois Galler und ich durfte stolz meinen zwei Vornamen Richard Anton, den Patennamen Alois anfügen. Die Firmung war Anlass, dass ich zum ersten Mal mit einem Auto fuhr. Vom Ostbahnhof ging es in die Wohnung meines Paten, der im Freihaus auf der Wieden als Untermieter bei einem Ehepaar Jeschko wohnte. Von da zur Stefanskirche (vom Kettendurchbeissen war keine Rede mehr) und dann in den Prater. Als Firmungsuhr bekam ich eine solche mit springendem Ziffernblatt. Dieses sprang von 12 auf 13 und von 24 wieder auf 1. Eine Sensation. So etwas hatte noch keiner in meinem Alter. Aber im Jahre 1923 bahnte sich mit meiner Gesundheit etwas an. Ich litt oft und oft an geschwollenen und vereiterten Mandeln und im September 1923 bekam ich durch diese Eiterherde eine Vergiftung des ganzen Körpers. Zu einer Gehirnhautreizung und Blinddarmreizung gesellte sich hohes Fieber und Mundsperre. Mein behandelnder Arzt, eben aus der Rudolfsstiftung nach Wolkersdorf gekommen, Dr. Rudolf Tinkl, zog auch noch den pensionierten Arzt unseres Hauses, Dr. Hermann Löw, und ebenso den zweiten Arzt in Wolkersdorf, Dr. Erich Bartl, zu Rate. Ich weiß nur, dass ich in meinem Fieberdelirium eines morgens gebadet wurde, und von diesem Tag ging es wieder aufwärts. Am 10. März 1924 (ich weiß den Tag so gut, da an diesem Tage die „40 Märtyrer“ gefeiert werden und ich war der 41.) operierte mir Dr. Tinkl die linke Mandel heraus und kurze Zeit später die rechte. Diese Operationen wurden mit so einfachen Mitteln durchgeführt, dass ich heute noch mit Schrecken zurückdenke. Warum hat man mich nicht in ein Spital eingewiesen?

Am Bach hintenaus war es schön zu spielen und über den Bach zu springen. Bis sich Hamp Franz den Fuß brach, dann war das Bachspringen mit einem Verbot belegt. Wo heute das Feuerwehrhaus steht, stand damals das Acethylengaswerk. Dem Manne zuzusehen, wie er mit Karbid hantierte (Math. Höll) und wie es so schön roch, war immer eine neue Entdeckerfreude. Ich hatte ja zum Spiel den ganzen Hof und auch auf der Gasse konnte ich spielen, da sich ja dort fast kein Verkehr abspielte.

Aber dann baute uns gegenüber 1922/23 Gössinger eine Schuhfabrik. Ein Rohölmotor stampfte den ganzen Tag und betrieb das Werk. Die fertigen Schuhe führte jeden Tag zeitig früh Franz Schmid aus dem Alten Markt nach Wien. Es begannen die tollen zwanziger Jahre. Ein Opfer davon war die Frau des Leopold Gössinger, die an einer venerischen Krankheit starb. Schließlich ging das Unternehmen in einem Riesenkonkurs unter und auf dem Nachbargrundstück saßen schließlich vier Besitzer.

Ebenfalls 1922/23 errichtete Heinrich Obermayer in Wolkersdorf das elektrische Licht. Mein Vater übernahm das Setzen der Lichtmaste und ich erinnere mich noch genau, wenn an den Samstagen die Auszahlung war, ging es um viele Millionen Kronen. Der Strom floss aber nicht gleichmäßig aus der Leitung und die Lichtstärke schwankte ständig. Es zuckte immer. Ausgelöst wurde dies am Erzeugungsort des Stromes durch die Dieselmotoren, die nicht gleichmäßig liefen. Obermayer wurde reich, kaufte diverse Liegenschaften und Häuser, aber auch dieses Unternehmen endete mit einer Riesenpleite und mit dem Selbstmord Obermayers. Noch ein Unternehmen aus dieser Zeit will ich erwähnen, weil mein Schwiegervater Adolf Sosnowicz auch dabei zum Handkuss kam. Weinhändler Schneck. Frau und Tochter gingen mit Brillanten an Fingern und Hals einkaufen und vor dem Mann lag alles am Bauch. Doch als der Konkurs über das durch die Inflation aufgeblähte Unternehmen hereinbrach, riss Schneck viele Wolkersdorfer Bürger, die ihm blind vertrauten, mit.

Ich bekam an Sonntagen 1000 Kronen Sonntagsgeld. Dafür kaufte ich mir bei Zuckerbäcker Siegl (Haus Pecha, jetzt Autoreparatur Gindl) 5 Bonbons.

Doch einmal fuhren wir nach Wien (1924). Im Prater gastierte Zirkus Krone aus München. Ein Drei-Manegenzirkus mit vielen wilden Tieren, mit Artisten aus der ganzen Welt, Pferden, vielen Akrobaten usw. Die drei Manegen waren gleichzeitig im Betrieb, da hieß es gut aufpassen und die Augen überall haben, damit man nichts versäumte.

Bei einem Wienbesuch 1925 zeigte mir mein Onkel das Wiener Rathaus innen und außen. Mein Onkel war bei der Gemeinde Wien und besonders im Rathaus angestellt. Aus dieser Zeit habe ich noch einen Führer durch das Wiener Rathaus mit vielen Bildern und Plänen.

Von noch einem Zirkus muss ich erzählen. La Forte. Er gastierte 1925 auf dem Rathausplatz und hatte u.a. Löwen mit. Die brüllten, dass man es bis Pfösing hören konnte, so erzählten die Leute. Ich konnte meine Ungeduld nicht beherrschen, um auf eine nachmittägige Kindervorstellung zu warten und drang immer in meine Mutter, sie möge mich eine Abendvorstellung besuchen lassen. Da gab es u.a. eine Tänzerin mit schwarzer Hautfarbe, die nur mit einem Röckchen und einem Busenhalter aus Stroh bekleidet auf Glasscherben tanzte. Dies war natürlich noch nichts für Schüler der 5. Klasse und wir mussten uns alle bei Jordan melden, die im Zirkus waren. Da gab es ein Donnerwetter.

Marhold spielte bei Traindl (Eckensperger) im Saal die ersten Filme, ehe er 1924 in der Hofgartenstraße das Kino errichtete. Wieder ein Objekt mehr, welches mein Vater zur besonderen Beachtung aufschreiben musste. Er war Feuerwehrmann mit ganzer Seele. Immer hatte er alles parat liegen, um bei einem Brande gleich zur Stelle zu sein. Größere Brände waren: Haus Veigl, Mühlgasse, durch Blitzschlag, Brandstiftung bei Höberth in der Kaiser-Josefstraße und der Großbrand bei Wittmann in der Hauptstraße 1927 zur Zeit der Beethovenfeier im März. Dieser Brand war ein entsetzliches Erleben für mich. Die brennenden Schindel flogen über den ganzen Ort und jeder befürchtete, dass neue Brände entstehen. Im 1. Stock wohnte Fachlehrer Burkhart mit seiner Familie. Die Einrichtungsgegenstände wurden auf die Straße geworfen, da man ein Durchbrennen der Decke befürchtete. Die Leute standen vor dem Nichts.

Meine Eltern erkannten frühzeitig, dass ich ein gutes Musikgehör hatte, pfiff und blies ich doch alle Melodien nach einem Kirtag ständig in Haus und Hof. So ließen sie mich im Geigenspiel unterrichten. Die Fiedel zu streichen lehrte mich Oberlehrer Josef Schindler, ein mittelgroßer, hagerer Mann mit großen Ohren, der ganz unter der Fuchtel seiner Frau Adelheid stand. Dies ging so weit, dass sich ein Verehrer seiner Tochter, genannt „Adi“, (der Verehrer war Steiner, Fleck Fredys Schwiegervater) nicht auf einen Stuhl setzen durfte, um auf seine Angebetete zu warten, sondern auf einer Treppe in der Fensternische. Dort musste er sich auch mein Gekreische auf der Geige und die Worte des Lehrers an mich über sich ergehen lassen, später allerdings begleitete mich Adi auf dem Klavier und ab und zu spielte auch der Sohn (Beppo) mit mir Duette (Beriot). Aber damals kam auch nicht mehr der Verehrer. Die Noten, eine Violinschule von Ohnhäuser, besorgte meine Mutter bei einer Familie Ottilinger in der Bahnstraße, deren Sohn bereits ausgelernt hatte und eine Schule in Wien besuchte. Geld wurde für die Noten nicht gegeben, sondern Naturalien. Geld hatte auch keinen Wert in den Zeiten der Inflation, dafür waren Fleisch und Fett begehrte Artikel.

*Postkarte, Verlag Josef Lande, 1928*

## Die Jahre bis 1928

Die Inflation wuchs und wuchs, die Notenpresse arbeitete ununterbrochen. Zwar hielten wir in Österreich bei den Millionen, während in der deutschen Weimarer Republik das Volk schon mit Billionen rechnen musste. Da ergriff der damalige Bundeskanzler Dr. Ignaz Seipel, ein Priester, die Initiative. Trotz intensivsten Widerstandes der Sozialdemokraten im Parlament erreichte er beim Völkerbund in Genf die Gewährung einer Anleihe für Österreich. Ein Kommissär des Völkerbundes hatte die Verwendung der Anleihe zu überwachen. Die Notenpresse wurde 1923 stillgelegt, die Währung stabilisiert und mit 1.1.1925 hatte Österreich die Schillingwährung: 1 S = 10 000,- Kronen, 1 Goldkrone = 14 400,- Papierkronen. Der Schilling hatte 100 Groschen.

Ich weiß mich noch gut zu erinnern, wie die Debatten darum gingen, statt des Groschens den Stüber einzuführen. Aber der Groschen blieb Sieger. An Stelle der wertlosen Papierfetzen erhielten wir den Silberschilling mit dem Parlament auf der Avers- und dem Bundeswappen auf der Reversseite. Es gab 1, 2, (später 5), 10 und 50 Groschenstücke. Zu den Schillingstücken kamen im Schubertjahr 1928 die 2-Schillinge mit dem Bildnis Schuberts und noch später die 5-Schillinge mit der Mariazeller Muttergottes. Der Mater Magna Austriae.

Mein Vater war Gemeinderat in den Jahren 1924 bis 1929 und Mitglied des Sparkassenausschusses von 1925 bis 1931. Sein besonderes Lieblingsgebiet war aber, wie ich schon schrieb, die Feuerwehr. Diese wählte ihn auch als Nachfolger von Franz Stiedl zum Hauptmann (1928). Mitglied der F.F. war er seit 1898. Er war jähzornig, aber herzensgut. Ein grobes Wort im Zorn ausgesprochen und ein Werkzeug im Zorn nachgeschossen, bereute er im nächsten Augenblick. Er war ein gläubiger Mann. Kein Wandlungsläuten ohne bloßen Kopf, wo immer er sich auch befand. Kein Jahr ohne Osterbeichte und kein Sonntag ohne Messe. Als ich noch nicht zur Schule ging, war ich mit ihm immer Besucher des Oratoriums (Nord-eingang), im Volksmund genannt „Araturi“.

Als Gemeinderat gehörte mein Vater zur Einheitsliste (christlichsozial – großdeutsch – Landbund), wobei mein Vater nicht von den Christlichsozialen kam. Schon in der Schule (ich ging jetzt in die Bürgerschule) war die allgemeine Stimmung von der Politik vergiftet. So unnahbar wie im öffentlichen Leben sich links und rechts gegenüberstanden, bildeten wir 12- und 13jährigen auch schon eine rechte und linke Seite. Manche Schüler wie ich waren im Christlich-deutschen Turnverein, andere im Arbeiter Turn- und Sportverein, andere im Deutschen Turnerbund. Es wurde in der Schule schon politisiert.

Am 15. Juli 1927 ging ich vom Bad nach Hause. Es mag so gegen 16 Uhr gewesen sein. Da kamen über die Rußbachbrücke Leute aus Richtung Wien herein, die sonst mit der Eisenbahn fuhren, darunter auch unser Nachbar Leopold Toifl, ein Eisenbahner, der in Stadlau Dienst machte. Er erzählte mir, dass auf Grund des Urteiles im Schattendorferprozess der Generalstreik ausgerufen sei und er sei teils zu Fuß, teils mit dem letzten Zug, nach Wolkersdorf gekommen. Er hörte auch, dass in Wien Straßenkämpfe toben und der Justizpalast brenne. Dies war am Freitag.

Alles sollte sich bitter bewahrheiten. Österreich stand am Rand des Bürgerkrieges. Das Standrecht wurde erlassen. Der Kirtag am 17. Juli verbunden mit Glockenweihe und 200-Jahrfeier der Kirche 1727-1927 wurde verboten. Auf jeden Fall war der Juli 1927 Auftakt zu einer weiteren Radikalisierung der Massen. Und es war merkwürdig: Zu einer politischen Meinung gehörte zugleich eine militante, verbunden mit einer Waffe und war es auch nur ein Gummiknüppel. So vereinte sich auf der einen Seite das Bürgertum und auf der anderen die Arbeiter.
Politik und Zeit versteinten. Als Gegengewicht zum republikanischen Schutzbund, der militanten Bewegung der Sozialdemokratie, bildete sich im Bürgertum die Heimwehr.

Der Ruf des 15. Juli des Schutzbundes „Alle Räder stehen still, wenn unser starker Arm es will“ bekam eine Gegenstrophe „Alle Räder müssen rollen, wenn wir Heimwehrmänner wollen“. Die Glockenweihe und die 200-Jahrfeier der Kirche wurde im September 1927 nachgeholt und zum ersten Mal marschierten die Selbstschutzverbände (Heimwehr, Heimatschutz, Wehrturner) auf, sodass eine Störung von links unmöglich war. Leider hatte sich dabei auch die Kirche eindeutig deklariert: Pfarrer Wimmer vertauschte seinen Priesterrock mit Heimwehrbluse und Hahnenschwanzkappe. Ich weiß nicht, ob es damals schon Einsichtige auf beiden Seiten gab, die in dieser Radikalisierung eine eminente Gefahr für Österreich sahen. Auf jeden Fall verwandelten sich Österreichs Straßen Sonntag für Sonntag in ein Aufmarschgebiet für Heimwehr und Schutzbund.

„Heimwehrmann, Heimwehrmann, bist ein armer Tropf, was der Hahn am Schwanze trägt, trägst du auf dem Kopf.“
„Sozialisten, Sozialisten, Ihr seid wirklich Spezialisten, denn die Farbe eurer Fahne, gleicht dem Arsch der Paviane.“
Mit solchen Sprüchen ärgerte man sich, aber das Ende waren dann Schlägereien und Verwundete und sogar Tote.

Das Jahr 1927 war aber auch Beethovenjahr. 100 Jahre seit Beethovens Tod waren vergangen, (heuer, 1970 wird der 200. Geburtstag gefeiert). Im Turnsaale der Schule fand eine Beethovenfeier statt. Lehrer Alexander Scharbl studierte hiefür die „Himmel rühmen“ 3-stimmig ein. Ich sang die 3. Stimme. Es war ein mächtiger Chor, wobei Scharbl bewies, dass er für Choreinstudierungen der richtige Mann war.

Das Jahr 1928 war Schubertjahr. Hundertster Todestag. Im Kinosaal fand eine Schubertfeier statt. Wernhart Hans und ich Violine, Gruber Poldi Klavier, spielten dabei das Ständchen. Weiters wurden ebenfalls von Schülern Schubertlieder zum Vortrag gebracht. Überhaupt hatte sich die Sitte eingebürgert, das Schuljahr mit einer Schulfeier im Kino ausklingen zu lassen. Ich erinnere mich einer gelungenen Tellschussszene von Schiller. Tell stand auf der Bühne und schoss in die Kulisse und der Knabe kam strahlend mit dem durchschossenen Apfel vor das Publikum. Der war ein gewisser Gössinger aus Riedenthal, Sohn der Gastwirtin. Unsere Fachlehrer waren sehr rührig, um uns wenigsten einen kleinen Teil der großen Wunder Musik und Literatur erleben zu lassen.

Auf meinem Austrittszeugnis der 3. Bürgerschule sind folgende Lehrer unterschrieben: Direktor Karl Krexner, Katechet Johann Lahner, weiters Karl Reckendorfer, Dr. Rudolf Stöberl, Josef Bernhart, Josef Burkhart, Alexander Scharbl.

## Freunde

Jeder Mensch hat Spielgefährten in seiner Jugend. Ich brauchte nicht weit zu gehen, rechts wohnten Hans und Grete Toifl, links Erwin und Lilli Schneider. Besonders verbunden war ich mit der Familie Schneider. Ferdinand war Oberlehrer in Pension, Lina ebenfalls pensionierte Lehrerin. Verständlich, dass man bei solchem Familienanschluss viel lernen konnte. Erwin war 4 Jahre älter als ich, kam dann später in die BEA (Bundeserziehungsanstalt) nach Wiener Neustadt. Aber er ließ mich nicht nur am Spiel, sondern auch an seinem schon vielfältigeren Wissen teilhaben. Und in der Schule konnte ich dann schon viele Fremdworte richtig aussprechen („Shakespeare"), das griechische Alphabet lesen und durch die vielen Spaziergänge durch Feld und Wald lernte ich viele Pflanzen und Tiere kennen, die ich sonst wahrscheinlich nie kennen gelernt hätte. Bei Schneiders war auch eine große Bibliothek und mit Staunen las ich damals das „Dschungelbuch" von Kipling.

Frau Schneider hatte eine schöne Altstimme und sang gern zur Laute, besonders abends unter dem Nussbaum. An Festtagen, wenn nicht nur die Kinder selbst, sondern auch wieder Freunde und Freundinnen eingeladen waren, gab es lustige Pfänderspiele und zu Weihnachten zog man von Haus zu Haus, um den Christbaum und die Geschenke anzusehen. Lilli buk die Anfangsbuchstaben der Vornamen aus Lebkuchen und so konnte ich immer bei Schneiders mein „R" am Weihnachtsbaum vorfinden.

Hans Toifl war mehr Techniker und glaubte mit einem kleinen Wasserrad aus dem Rußbach Strom erzeugen zu können, was ihm nie gelang. Erwin und ich benützten den Rußbach zum Fisch-, Krebs- und Muschelfang. Ja, dies alles gab es noch im Bach Anfang der 20er Jahre.

Noch ein Erlebnis hatte ich bei Schneider. Da kam öfter eine Verwandte, Dora Winderle, die das Konservatorium besuchte und stundenlang am Klavier die schwierigsten Etüden und Konzerte spielte. Ich kannte damals bereits die Noten und durfte umblättern. Was so in mein junges Ohr Eingang fand, habe ich niemals mehr vergessen und vielleicht war dies der Anstoß, dass ich so leidenschaftlich schwere Musik liebe. Als Erwin dann in Wiener Neustadt war, kam ich in der Schule mit Hans Wernhart in nähere Bindung und bei ihnen zu Hause – Glaserei Grill – tollten wir auf dem Kellerberg herum, aber auch Musik wurde gemacht. Damals war ein Pfarrer im Lourdes Kloster – Ehrhard Kathriner – ein Reichsdeutscher, der mit uns Ouvertüren, er am Klavier, wir zwei Violine, und zwar „Kalif von Bagdad", „Die weiße Dame" und vor allem die „Peer Gynt"-Suite von Grieg spielte. Als Zwischenaktmusiker bei Theateraufführungen im Kloster waren wir da immer beschäftigt.

Im Jahre 1929 machten wir auch einen großen Ausflug. Zu Schiff nach Krems, dann Wanderung durch die Wachau, und weiter über das Halbachtal, Klein-

Mariazell, Kalte Kuchl, Singerin, ins Höllental bis Puchberg und von da mit der Bahn nach Hause.

Die Freundschaft mit Hans scheiterte erst nach meiner Hochzeit, als er sich begeistert dem Nazismus ergab. Aus dem 2.Weltkrieg kam er nicht mehr nach Hause. Die Gespielin meiner Jugend, Grete Toifl, starb 1926 an Lungentuberkulose.

Erwähnen möchte ich noch die Schillerfeier im Jahre 1925, 120. Todestag, im Park. Prof. Zelezny schuf ein Schillerrelief und dieses wurde vor der Schillereiche aufgestellt, gepflanzt 1905. Im Grundstein dieses Denkmals wurde eine Metallröhre versenkt, die die Unterschriften sämtlicher Schüler der Schule Wolkersdorf umschloss. Das Denkmal ist heute (1970) nur mehr eine Ruine.

## Von der Musik

Wie ich schon schrieb, waren meine ersten musikalischen Erlebnisse die Kirtage. Auf der Gießkanne blies ich dann tags darauf die gehörten Märsche und Walzer. Vom Geigenspiel schrieb ich auch schon. Und dann kam das Radio, welches im Jahre 1924 in Wien mit dem Motto „Hallo, hallo, hier Radio Wien auf Welle 530“ seinen Betrieb mit dem Stubenringsender aufnahm, später kam der Sender Rosenhügel. Im Jahre 1926 baute sich unser Nachbar Toifl eine Hochantenne, die vom Dach bis zum Rußbach reichte und schloss einen Detektorempfänger an. Durch die große und hohe Antenne hatte er einen so guten Empfang, dass er meinen Vater riet, sich auch an seinen Empfänger anzuschließen. Zu diesem Zwecke – man stelle sich dies vor – bohrte mein Vater von der Werkstätte aus (jetzt unser Schlafzimmer) durch beide Mauern, also je 45 cm, ein Loch. Toifl leitete die Drähte durch und wir brauchten nur die Kopfhörer anstecken und hatten das Radio im Hause. Nein so einfach war es nicht. Die Trennmauer zwischen Werkstätte und Kabinett musste auch durchbohrt werden und jetzt hatte erst ich das Radio am Bett. Die Leitung zu den Eltern ins Schlafzimmer ging ohne stemmen und bohren ab, bloß durch die Türe.

Und was ich da hörte, war viel Klassik. Mit 14 Jahren kannte ich schon eine Menge Opernmelodien (besonders Verdi), Themen aus Symphonien von Schubert und Beethoven und besonders stolz war ich, dass ich die diversen Instrumente schon unterscheiden konnte. So Flöte, Klarinette, Oboe, so Viola und Cello, selbstverständlich auch die Blechinstrumente.

Wenn ich in meinem Kalender aus dem Jahre 1930 blättere, finde ich oft eine Sonntagseintragung: Im Kino gespielt S 5,- Dies war so: zum Stummfilm spielte ein Quartett (Engerth, Rauscher, Stöger und Anna Schreiber). Wenn Engerth ausfiel, unser lieber Po, sprang ich ein. Und S 5.- waren ein schönes Stück Geld, wenn man bedenkt, dass 1 Paar Schuhe S 10 bis 12.- gekostet haben.

Im Jahre 1929 spielte ich auch zum ersten Mal zweite Geige am Kirchenchor. Nach dem Beitritt zum Gesangsverein im Jahre 1930 auch im angeschlossenen Orchester des Vereines. Im Jahre 1936, nach unserer Hochzeit, fand ich am Boden meiner Schwiegereltern Trio- und Quartettnoten von Mozart, Haydn und Beethoven. Sie waren aber nicht zu spielen, da ein Cellist fehlte. So entschloss ich mich im Jahre 1937 bei Musiklehrer Pliskal (bei Anna Schreiber) Unterricht im Cellospiel zu nehmen. Und bereits im August spielten Schlögl, Wernhart und ich aus den aufgefundenen Noten. Besonders Schwiegervater hatte damit eine große Freude, da sein Vater auch Cellist war, doch darauf komme ich noch. Im weiteren Verlauf lernte ich mir selbst das Violaspiel und nahm Ende 1937 noch ein paar Stunden Kontrabass Unterricht.

Erhebende Konzerte besuchte ich in dieser Zeit. Großer Saal im Musikverein, Dirigent Wilhelm Furtwängler. Bach (Brandenburgisches Konzert mit Furtwängler am Klavier), Brahms und die Neunte von Beethoven. Übrigens sang damals Frau Tinkl im Singverein der Gesellschaft der Musikfreunde und zeigte mir ein Autogramm Furtwänglers. Warum habe ich mich nicht angestellt?

## Der Brunnenmacher

In meiner Kindheit und Jugend war der Hof des Vaterhauses immer voll von Holz. Da lagen die Föhrenstämme, die Vater vom Holzhändler Bernhard Wiener waggonweise kaufte, da lag das Abfallholz; das Werkzeug, das in Werkstätte und Einfahrt nicht untergebracht werden konnte und wetterfest war, stand ebenfalls im Hof.

*Martin Nowotny und Mathias Friedlmayer (rechts) in der Hofgartenstraße 6*

Mein Onkel Martin (Vaters Bruder) und Mathias Friedlmayer waren die ständigen Arbeiter bei uns. Da wurden die Föhrenstämme zu Brunnenröhren gemacht, gebohrt, entsprechend behauen und zur Probe mit eisernen Büchsen zusammengefügt, wie sie dann eben im Brunnen zu stehen hatten. Das unterste Rohr war der Ventilstock, weil er das Ventil enthielt, das oberste das Kopfrohr. In diesen Rohren bewegte sich das Gestänge, der Kolben ging in einem Messingzylinder. Am Kopfrohr war das Leitscheit zum Schöpfen und das Wasser floss durch das Ausgussrohr und die blecherne Trense. War der Brunnen entsprechend tief, so in den letzten Häusern am Gerichtsberg, musste mit 2 Ventilen gearbeitet werden und dies auf Grund der physikalischen Gesetze. Mein Vater kam im ganzen Bezirk herum und auch außerhalb (Hagenbrunn) und grub die tiefsten Brunnen. Er kannte überall die

Beschaffenheit des Bodens. Er bestimmte, ob die Ausschachtung mit Ziegeln oder Betonrohren vorgenommen werden musste. Er bestimmte, ob der Brunnen zuerst gegraben und dann ausgeschachtet wurde oder, wenn das Erdreich einzustürzen drohte, kamen gleich die Betonrohre hinein und rutschten durch die Grabarbeit allein nach. Wurde mit Ziegeln gearbeitet – bei seichten Brunnen – wurde eben mit Sprenggurt-Ziegelauflage, Sprenggurt-Ziegelauflage usw. gearbeitet. Zu diesen Arbeiten brauchte man eben das viele Werkzeug. Starke Seile und Leinen, entsprechende Winden, um Erdreich und Wasser herauf zu befördern, um Brunnenrohre, Betonrohre und Ziegel hinabzulassen. Zum Zurichten der Holzrohre waren lange Bohrer und große Zugsägen notwendig, sowie alle Arten von Hobeln, Hacken und Beilen, besonders das „Broatbeil“. Die drei führten auch Gespräche bei der Arbeit und war einer im Brunnen unten und es kam jemand Unrichtiger vorbei, der das Gespräch nicht hören sollte, hieß es „Hohlziegel“ und das Thema wurde gewechselt. Heute 40 Jahre nachher haben wir die Wasserleitung und kein Mensch braucht mehr einen Brunnenmeister.

Gerne erinnere ich mich der Mitarbeit am Wiederaufbau der Volksbibliothek des Volksbildungsvereines im Jahre 1925. Die Nachbarin, Lina Schneider, führte die Neukatalogisierung durch und ich durfte dabei helfen. Dadurch kam ich sehr jung mit Büchern in Berührung und vor allem mit den geläufigen Schriftstellernamen.

## Handelsschule in Wien

Das Jahr 1928 brachte das Ende der Pflichtschulzeit. Meine Eltern beschlossen, mich in eine Handelsschule zu schicken. Durch schnelles Wachstum war ich ziemlich hager und ein Tuberkulosetest nach Pirquet sprach sogar positiv bei mir an. So dachte man, dass ich dem schweren Handwerk meines Vaters nicht gewachsen sei und man kam eben zu diesem Entschluss. Bei Toifl wohnte ein pensionierter Oberlehrer, Josef Kirchmayer – seine Dienstzeit verbrachte er in Schleinbach –, dessen Tochter Anny ebenfalls eine Handelsschule in Wien besuchte. So kam ich in die Globus-Handelsschule, ehemals Erzherzog Rainer, Wien 5., Josef-Schwarz-Gasse 9. Obwohl Stiedl bereits ein Autobusunternehmen eingerichtet hatte, fuhr ich doch ab September 1928 mit der Bahn, da Stiedl nur bis Stammersdorf seinerzeit Erlaubnis hatte zu fahren. Der Zug ging um 6:25 und war 7:15 am Ostbahnhof in Wien. Anfangs benutzte ich die Straßenbahn. Später kam ich darauf, dass es auch zu Fuß ging und so lief ich den Gürtel hinunter über Südtiroler und Matzleinsdorferplatz, vorbei an dem noch unverbauten Heumarkt, vorbei an den großen schon fertigen Gemeindehäusern, Reumannhof, Vanzettihof und an dem noch in Bau befindlichen Fendihof bis zur Arbeitergasse und um die Ecke war die Schule. Heute 40 Jahre später, findet man dort nichts mehr, außer Großbauten. Nicht einmal die Josef-Schwarz-Gasse fand ich mehr. Durch diesen Gang in und von der Schule ersparte ich mir manchen Schilling, den ich in ein Buch, in Zeitungen oder auch in Manner-schnitten anlegte.

Das Jahr 1928 brachte für uns in Wolkersdorf die Eröffnung des Bades im Juli auf den ehemaligen Frumelgründen. Der Juli brachte auch eine Rekordhitze von 35 Grad am Kirtagmontag (16.7.). Bis dahin war das Schleiferbad in der Mühle, errichtet vom Mühlenbesitzer August Schleifer, das Bad für Wolkersdorf und auch der Umgebung. Natürlich war das Bad in der Mühle zu klein, sodass besondere Stunden für Männer und Frauen festgesetzt werden mussten. Im neuen Bad war jetzt Platz für alle Besucher, ob Männlein, ob Weiblein. Die Art der Wasserversorgung war auf einem anderen Blatt geschrieben. Während das Schleiferbad der Mühlbach speiste, sollte das große Bad der Münichthalerbach füllen. Ja füllen schon, aber in welcher Zeit und mit welchem Wasser. Alsbald mussten Brunnen gebohrt werden, um ein zumindest annehmbares klares Wasser den Badenden zur Verfügung zu stellen.

Hier muss ich noch etwas einfügen. Mein Vater hatte 1926 vom Gastwirt Pfaffl einen Weingarten am Münichsthalerweg erworben. In den Jahren 1927, 1928 und 1929 gab es immer Spätfröste und da wurde von den Feuerwehrhornisten „Reif" geblasen. Alles stand auf und zündete qualmende Feuer an, um das Einfallen des Frostes in den Weingärten zu verhüten. Aber es wuchs immer so viel, dass auch noch Kellerpartien von Vater gegeben wurden. Einmal weiß ich, fand Wenzl (Sparkasse) an der Feuermauer vom Nachbar Schneider nicht und nicht das Tor. Weil es dort nie eines gegeben hatte.

Im Jahre 1928 war das große Fest der Feuerwehr. 1878-1928. Wolkersdorf bekam zu diesem Fest die erste Automobilspritze und ein Rettungsauto. Bei der Schauübung am Rathausplatz, Hauptstraße, Hofgartenstraße, Haasgasse staunte die Menge über die Neuerungen. Es wurde eine Rauchgasvergiftung fingiert, ebenso ein Absturz von der Leiter. Es kamen also alle Geräte zum Einsatz. Übrigens gab es damals sehr wenige Autos in Wolkersdorf. Dr. Bartl mit Nummer B III 20, Dr. Basch, Redelhammer sind mir so geläufig.

1928 war überhaupt ein Jahr der Feste. Das große Deutsche Sängerbundesfest in Wien anlässlich des Schubertjahres. Es kamen so viele Sänger aus Deutschland, der CSR, Ungarn usw., dass auch in Wolkersdorf Privatquartiere zur Verfügung gestellt wurden. Eine besondere Huldigung gab es für den 80-jährigen Priester-Dichter Ottokar Kernstock, dem Dichter der im Ständestaat eingeführten Bundeshymne „Sei gesegnet ohne Ende". Prof. Viktor Keldorfer leitete seinerzeit die gewaltigen Chöre im Prater. Mit der österreichischen Nationalhymne lag es übrigens immer im Argen. Die Haydnhymne war verpönt, wenn nicht verboten. Eine von Dr. Karl Renner verfasste und von Wilhelm Kienzl vertonte Hymne („Deutsch-Österreich, du herrliches Land") kannte niemand und es machte sich auch niemand die Mühe, sie in der Schule zu lehren. Für die nationalgesinnten Kreise bedeutete das Sängerfest in Wien natürlich das Verbrüderungsfest aller Deutschen. Die nationale Sache bekam dadurch viel Aufwind und dies blieb in den kommenden Jahren nicht ohne Folgen.

Zurück zur Schule. Auch die Handelsschule machte mir nicht viel Kummer, die Aufgaben lagen mir und so kam der Dezember 1928. Es begann empfindlich kalt zu werden. Am Ende des Jahres setzte starker Schneefall ein. Im Jänner sank die Temperatur ständig unter minus 10 Grad. Anfang Februar 1929 unter minus 20 Grad. Dazwischen schneite es, sodass sich hohe Schneewächten bildeten. Der Autobusverkehr lag zum Teil still. Die Eisenbahn verkehrte, wenn auch mit Verspätungen, aber mein Schulbesuch in Wien erfuhr keine Unterbrechung. Dann kam der 11. Februar 1929. Das Thermometer hing neben dem Küchenfenster zum Hof. Ich schaute mit der Taschenlampe: minus 32 Grad. Da fuhr auch die Eisenbahn nicht mehr. Vaters größte Sorge war, dass die Löschgeräte der Feuerwehr immer einsatzbereit waren. Wochenlang ging er täglich ins Feuerwehrdepot, um die Motoren warm laufen zu lassen. Bis in den späten Frühling konnte man auf der Bundesstraße wie durch einen Hohlweg gehen. Eine enge Fahrbahn und links und rechts meterhoch Schnee. Der Kellerhohlweg war total zugeweht. Dieser Winter mit seiner grimmigen Kälte zerstörte viele Obst- und Weinkulturen.

Aber Schlimmeres bahnte sich an. Von den USA ausgehend begann eine Katastrophe, die ähnlich 1914, eine ganze Meute von Untieren gebar, die die Welt mit Schrecken, Furcht und Angst überzogen und schließlich wieder einen Krieg, den 2. Weltkrieg, verursachten. Die Katastrophe war die Weltwirtschaftskrise. Die Nachfolgestaaten nach dem ersten Weltkrieg wussten ihre Wirtschaftskörper nicht zu koordinieren, vor allem Deutschland wurden Reparationen unvorstellbaren Ausmaßes diktiert. Und trotzdem kam es zu einer Verschuldung der ehemaligen Alliierten an die USA. Ungeheure Geldmittel strömten in Amerika zusammen, die wirtschaftliche Welt kam aus dem Gleichgewicht, es kam zu Börsenkrachs, Preisstürzen, Massenselbstmorden, Produktionsausfällen und Massenarbeitslosigkeit. Es kam zu Notständen in der ganzen Welt, zur Radikalisierung der Völker, hie Faschismus, hie Bolschewismus und Nazismus und es gab weder Praktiker noch Theoretiker, die durch Erfindung neuer wirtschaftlicher Gesetze in der Lage gewesen wären, die Krise zu meistern. Was nützte Österreich der „Alpendollar – so hieß der Schilling – wenn ab 1931 bis zu 600 000 Arbeitslose allen politischen Einflüsterungen von links und rechts schutzlos preisgegeben waren.

In Wolkersdorf wurde 1929 noch die Holzbrücke im Zuge der Bahnallee über den Rußbach durch eine Betonbrücke ersetzt und ich kann mich an größere Bauvorhaben der öffentlichen Hand in Wolkersdorf nicht mehr erinnern. Im Jahre 1929 machte mein Vater in Unter Olberndorf unter Leitung eines Fachmannes eine Probebohrung nach Öl. Vergeblich. In Zistersdorf wurde Öl fündig.

## Dienstbeginn in der Sparkasse

Im Jahre 1930 beendete ich meinen Handelsschulbesuch in Wien. Meine Lehrer waren: Direktor Teschauer, Trimmel, Pekarek, Schwarz um einige zu nennen. Aber wo jetzt einen Posten hernehmen. Da schickte es sich, dass Carl Wudernitz, Buchhalter der Sparkasse Wolkersdorf, 1929 in den Ruhestand trat und ich konnte am 1.12.1930 in den Dienst der Sparkasse treten. Ich dachte nie an einen Dauerposten, da durch die Krise das Geschäft rückläufig war. Der Zusammenbruch der Creditanstalt im Mai 1931 mit einem Defizit von 140 Millionen Schilling erschwerte das wenige wirtschaftliche Leben unerhört. Am 30. Juni 1931 feierte die Sparkasse ihr 60-jähriges Jubiläum. Der erst am 20.6.1931 neu bestellte

Bundeskanzler Dr. Karl Buresch ist bei der Grundsteinlegung zu einem neuen Amtsgebäude (Sparkasse-Gemeinde-Polizei) auf den Gründen der Bstehäuser dabei. Ausgeführt wurde der Plan nie und der Grundstein liegt irgendwo als Mauerunterlage der Raiffeisenkasse, die Jahre später auf den Bstehausgründen errichtet wurde. Ich hatte zu Beginn meiner Tätigkeit in der Sparkasse noch nicht viel Einblick in die Geschäftsgebarung, doch ich sah die jährlichen Reingewinne und die Rücklagen. Mit 100 000,- bis 150 000,- Schilling, nicht einmal 5-7 % der seinerzeitigen Einlagen, hätte sich etwas aufstellen lassen und man hätte wenigsten im örtlichen Bereich der Wirtschaft einige Impulse gegeben. Ich selbst besitze Pläne über das zu errichtende Amtshaus und es wäre mit dem Bau der Abbruch des noch heutigen Rathauses möglich gewesen. Es wäre ein Hauptplatz geschaffen worden, der sich jetzt als städtischer Hauptplatz sehen lassen könnte. War es Dummheit, Engstirnigkeit, politische Einflussnahme, dass nichts gebaut wurde, ich weiß es nicht. Ich tippe auf politische Einflussnahme. Denn an der Spitze der Sparkasse stand ein Mann, Dr. Josef Buchmüller, der es verhinderte, dass auch sozialdemokratische Mandatare im Ausschuss saßen, der das Jahr 1934 in bester politischer Verfassung überlebte und 1938 seine langjährigen christlichsozialen Freunde kalt fallen ließ. Er war nicht interessiert an einem Aufblühen der Wirtschaft. Als Rechtskonsulent der Sparkasse verdiente er so gut, dass seine sonstigen Geschäfte Nebenverdienst waren. Man bedenke die vielen Klagen und Zwangsversteigerungen, man bedenke die Riesenkostennoten. Man bedenke das nationale Prestige.

Zurück zum 60. Gründungsfest. Bei Nothacksberger (Gasthaus neben Bäckerei Hiesel) war eine Festtafel, die ich frühzeitig verlassen musste, da ich ein Rendezvous mit Frieda Sosnowicz, meiner jetzigen Frau, hatte. Ich brachte ihr eine Orange von der Tafel mit.

In der Sparkasse traf ich auf Menschen, die nun auf mich Einfluss haben sollten und mussten. Da war Heinrich Wenzl, der Oberbuchhalter, ein deutscher Turner, der kerzengerade ging und es für selbstverständlich hielt, 20 Minuten nach Arbeitsbeginn und 20 Minuten vor Arbeitsschluss zu kommen bzw. zu gehen. Er brachte mir die ersten Schritte bei, die in einem Büro zu tun sind. So musste ich gleich einen Fehler suchen, der bis zum 30.6.1930 zurücklag. (Es ging um 3 Groschen, so etwas vergisst man nicht.) Ich fand ihn bald. Dann lehrte er mich das

Einlagengeschäft. Herr Adolf Rebensteiner, etwas kauzig, aber von Herzensgüte, Reinheit und Klarheit, brachte mir das Aktivgeschäft (Darlehen), den Umgang im Grundbuch nahe, stellte mich den Herren am Gericht, Schuster, Grundbuchsführer, Luby, Beamter im Einlauf, und OLG Rat Dr. Heidner, Gerichtsvorsteher, vor. Rebensteiner erzählte mir stundenlang von Büchern und Dichtern, führte mich in die Literatur und überhaupt in die Kunst ein. Sein Wunsch war immer, mir das Atelier seine Freundes Prof. Franz Zelezny zu zeigen, den er über alles verehrte, aber es kam nicht dazu. Im November 1932 starb Zelezny und erst 37 Jahre später zeigte mir der Sohn des Professors, Dipl.Ing. Zelezny, den Arbeitsraum seines Vaters und nicht nur das, sondern auch alle anderen künstlerisch so wertvollen Exponate, die sich nicht mehr im Atelier, sondern in der Wohnung befinden.

Als Kanzleivorstand fungierte Heinrich Ott, ein Pensionist, nicht beamtet, sondern vom Vorstand in dieses Amt berufen und mit einer Remuneration ausgestattet. Er war vor allem der Mann, der zwischen Kanzlei und dem Vorsitzenden Dr. Buchmüller die Verbindung herstellte. Gesinnungsmäßig war er natürlich auch sehr national und trug statt einer Krawatte eine Bismarkschleife. Die Neubesetzung brachte 1931 als neuen Mann Ing. Prager als Kanzleivorstand, der es verstand, 1934 die Pensionierung Wenzl´s vorzeitig durchzusetzen und sich als leitender Beamter fix anstellen zu lassen.

Die Causa Prager lag nämlich so:

Bei den Gemeinderatswahlen im Jahre 1929 kandidierte Prager an 13. Stelle der Einheitsliste als Heimwehrmann. Prager, der ein sehr guter Redner war und auch manchen Freund unter den Arbeitern hatte, gelang es tatsächlich, dieses 13. Mandat der Einheitsliste zu gewinnen und dadurch auch die absolute Mehrheit, da er den Sozialdemokraten das 7. Mandat abnahm und das Verhältnis nunmehr 13 zu 6 war. Den Preis für diese einseitig politische Betätigung musste er mit der Entlassung bei Wagner-Biro bezahlen. Der dortige rote Betriebsrat drohte mit allen legalen und illegalen Mitteln, wenn Prager nicht entlassen würde. Es war also eine direkte Verpflichtung der Wolkersdorfer Rechten, Prager wieder einen Posten zu verschaffen. Zur Anstellung bedurfte es aber eines Kurses und der Ablegung einer Prüfung. Diese beiden Dinge erledigte auch ich im November 1933 und Dezember des darauffolgenden Jahres, kurz nach Vaters Tod.

Im Jahre 1930 rief kurz nach Schulschluss die Christlich-deutsche Turnerschaft zu einem Verbandsturnfest nach Salzburg. Es waren noch herrliche, unbeschwerte Tage, die eine begeisterte Jugend in der Mozartstadt zusammenführte.

Mitgliedsausweis Zahl B 14

für Sosnowicz Ehrenfrieda

geb. am 18. II. 1915 in Wolkersdorf
zust. dorthin

Beruf:

Wohnort: Wolkersdorf
Klostergasse 166.

Ausgestellt durch den Christlich-deutschen Turnverein
Wolkersdorf

am 30. Mai 1930.

Vereinsstempel

Unterschrift des Ausstellers:
Rudolf Körber

Seite 2

*Mitgliedsausweis des Christlich-deutschen Turnvereins von Ehrenfrieda (Frieda) Sosnowicz*

Im Jahre 1931 war das politische Leben immer unerträglicher. Ich selbst betätigte mich in keiner Partei. Mein Leben außer dem Büro bewegte sich im Christlich-deutschen Turnverein, im Gesangsverein und dem damit angeschlossenen Orchester. Nicht zu vergessen der Kirchenchor und bis zum Tode meines Vaters in der Feuerwehr. Da, außer der Feuerwehr, die unpolitisch war und ist, die Vereine, denen ich diente, rechts standen, spielte innerhalb dieser Organisationen der Linksradikalismus, lies Austromarxismus zum Unterschied vom Austrofaschismus, keine Rolle. Im Turnverein gab es Turnstunden und Heimabende, im Gesangsverein die Proben. Die Proben im Orchester hielt meist der Chorleiter. Doch da gab es Unstimmigkeiten zwischen Alexander Scharbl und Dir. Josef Schneider. Beide fühlten

sich einer dem anderen überlegen, obwohl Scharbl zugeben musste, dass Schneider von der Komposition mehr verstand. Scharbl verstand es wieder besser einen Chor zu leiten. Wenn keiner da war, kam einer der feinsten Musiker, Obl. Josef Haas, der den Weg aus Riedenthal nicht scheute und Lied und Orchester auf einmaliger Höhe hielt. Als dann Engerth, „unser Po“, die Chorleiterstelle übernahm, gab es keine Schwierigkeiten mehr. Wir veranstalteten Silvesterfeiern, die sich sehen lassen konnten und zu den Frühlingsliedertafeln kamen immer Sangesbrüder aus Nah und Ferne, sowohl vom Lande als auch aus Wien. Besonders erinnere ich mich noch des heiteren Quartetts mit dem profunden Bass Engerths. Da bei jeder Liedertafel auch ein Stück unseres Hausmusikers Josef Schneider zur Aufführung gelangte, wurde er auch gebeten, dieses Stück (Walzer, Marsch oder Polka) zu dirigieren. Schneider war klein von Wuchs, dicklich, rotes Gesicht und wenn er auf die Bühne kam und der Applaus aufrauschte, stand bei ihm immer das Hosentürl offen à la Cervantes.
Die Heimstunden im Turnverein standen im Zeichen der Besinnung, aber auch lustiger Volkstanz und resches Volkslied wurden gepflegt. Die Kooperatoren Erwin Hesse und Friedrich Glotz waren die Führer durch unsere Jugend, womit ich mit „unsere“ schon das Leben eingeschlossen mit meiner künftigen Frau meine.

*Frieda als Kinderturnerin*

Im Jahre 1932 versandete die Wirtschaft immer mehr. Der 24.4. brachte die letzten freien Wahlen. Bei einer Wahlversammlung im Saale Eckensperger – es handelte sich um Landtagswahlen – kam als Hauptredner Bundeskanzler Buresch, und sein Slogan, wie man heute sagt, war der: Österreich ist in ein Nebelmeer gehüllt, heraus ragt nur ein Fels, die Christlichsoziale Partei. Die Nazis hatten eine von Deutschland inspirierte und wahrscheinlich auch finanzierte ungeheure Propagandawelle über das Land gespült. Der Erfolg: 8 Mandate für die Nationalsozialisten im Nö. Landtag.

Zu Beginn des Jahres 1932 beschloss der Volksbildungsverein den Dichter Ludwig Anzengruber zu ehren. Anzengruber verbrachte seinen Urlaub im Jahre 1874 im „Goldenen Strauss“ (Gasthaus Pfaffl, früher Rosine Beinhofer) mit seiner Mutter. Er schrieb zu dieser Zeit am „G´wissenswurm“. Der Verein hatte vor, eine Gedenktafel am Haus Pfaffl anzubringen, ein Anzengruberstüberl einzurichten und den „G´wissenswurm“ aufzuführen. Zu einer Feierstunde sollten die letzten Angehörigen Anzengrubers eingeladen werden. Der Volksbildungsverein hatte es ja durchgesetzt, dass die Gemeinde den Weg am Münichsthalerbach zwischen Haasgasse und Wienerstraße in Anzengruberzeile benannte. Von diesem Verein ging auch die Benennung der „Anzengruberhöhe“ im 3. Geltl aus. Initiator der Namensgebung „Anzengruberhöhe“ war übrigens Frau Rosa Rebensteiner, die in einem zwanglosen Gespräch einmal die Bemerkung machte, diesen schönen Blick vom 3. Geltl könnte schon Anzengruber erfreut haben, obwohl es nicht erwiesen ist, dass Anzengruber wirklich dort war. Man könnte diese Höhe „Anzengruberhöhe“ nennen. Und der Verein sorgte mit Hinweistafeln und Propaganda von Mund zu Mund, dass alsbald die Anzengruberhöhe zum Wald gehörte, als sei es eine uralte Benennung.

Lehrer Bergen nahm sich des Theaterspiels an. Er probte mit Kräften aus allen politischen Lagern. Er selbst spielte den Dusterer. Emminger Schani war der Grillhofer, Wastl der Engerth Po, Frieda die Horlacherlies, ich war der Poltner, der Bauer von der kahlen Lehnten, mein Weib die Bayer Mitzel. Rod war Rosa Nefischer, meine künftige Stiefmutter. Josef Schneider machte die einzigartige Musik, die mit der Originalmusik überhaupt nicht zu vergleichen war, Sabransky die Kulissen, Scharbl studierte die von Schneider komponierten Lieder und Duette und Chöre ein. Das Programm lief wie am Schnürchen am 15.5.1932 ab. Das Stück wurde im

Gasthaus Pfaffl, in einem damals noch bestehenden Saal im Hof, aufgeführt. Die Verwandten Anzengrubers waren da, die Spitzen der Behörden und das Spiel gefiel außerordentlich gut. Die Gedenktafel wurde enthüllt und das Anzengruberstüberl – beide von Sabransky gestaltet – eröffnet. Vater und Mutter waren bei der Feier dabei.

### Tod der Mutter

Doch nun kam es zu einer Zäsur in meinem Leben. Am 18.5.1932 kam Vater von der Arbeit, Mutter vom Feld und wir saßen abends noch auf der Stiege im Hof zum Wohnungsaufgang. Ich weiß es heute noch, die Stiege war ganz warm, da der Tag schön und heiß war. Um 1/2 2 Uhr Früh am 19.5. weckte mich mein Vater, Mutter ist tot – Herzschlag. Ich holte Provisor Johann Ullrich vom Pfarrhof – die Pfarrstelle war nach dem Ableben Monsignores Wimmer vakant –, der gab Mutter die letzte Ölung und flüsterte ihr noch Ablassgebete ins Ohr. Dann machte ich mich auf, es begann zu tagen, um den Verwandten, Rötzer, Stiedl, Nowotny Martin, die Nachricht zu bringen. Auch beim Fenster von Frieda ging ich vorbei, getraute mich aber noch nicht anzuklopfen. Das Schlafzimmer wurde ausgeräumt und Mutter aufgebahrt. Das Leichenbegräbnis gestaltete sich zu einer echten Feuerwehrangelegenheit. Feuerwehrmänner trugen Mutter, von nah und fern kamen aber nicht nur Feuerwehrmänner, sondern auch die vielen Bekannten, die mein Vater hatte.

Mutters Schwester Johanna wurde ersucht, uns den Haushalt zu führen. Doch Vater und Tante Johanna vertrugen sich nicht lange. Es war auch einzusehen. Sie war von Jugend auf im Dienst bei Herrschaften wie Rothschild und hatte natürlich von einer Hauswirtschaft wenig Ahnung. Sodann ersuchte Vater Frau Schuster, die Mutter der Frau des Schuhmachermeisters Stracker. Sie war schon alt, aber von hervorragender Wirtschaftlichkeit und Reinlichkeit. Das Essen schmeckte und es ging alles gut, bis die gute Frau die Stiege zum Hof hinunterstürzte und sich das Schlüsselbein brach. Dann kam Vaters Schwester Kathi Graindl ab und zu bis zum Frühjahr 1933. Aber sie hatte wenig Zeit, hatte auch Mann und Kinder zu Hause. Und im Juli 1933 heiratete Vater im Einvernehmen mit mir Rosa Nefischer, eine ledige Frau, um 7 Jahre jünger als mein Vater und ich nannte sie vom ersten Tag an Mutter.

Die Vermählung fand im Kloster Maria Lourdes statt, die Trauung nahm Mutters Bruder Ignaz vor und zu Speis und Trank setzten wir uns im Keller des Hauses Nefischer in der Johannesgasse zusammen. Kellerstüberl ist der bessere Ausdruck.

*Postkarte, Verlag Maria-Lourdes-Kloster, Wolkersdorf a. d. Ostbahn*

**Ständestaat**

Politisch war das Leben in Richtung autoritären Kurses der Regierung weitergegangen. Der kleine Kanzler Dollfuß entwickelte sich, wir wollen ruhig sagen, zum Diktator. Dies war der Zug der Zeit. Italien, Deutschland, Ungarn hatten bereits autoritäre Führer. Durch die Freundschaft mit dem „Duce“ Italiens, fiel eben Dollfuß diese Führerrolle zu. Nach Vorbildern wurde das Parlament aufgelöst. In Wirklichkeit löste es sich selbst durch den Rücktritt der 3 Nationalratspräsidenten auf.

Der Republikanische Schutzbund wurde verboten und das Programm der Regierung lautete: Der Neuaufbau Österreichs auf ständischer Grundlage nach den päpstlichen Enzykliken Leo XIII., Rerum novarum und Pius XI., Quadragesimo anno. Die „vaterländische Front“ wurde gegründet, die NSDAP verboten. Darauf antwortete Hitlerdeutschland mit der 1000-Mark-Sperre, sodass der gesamte Fremdenverkehr aus Deutschland unterbunden war, denn wer zahlte schon 1000 Mark, um nach Österreich auf Urlaub fahren zu können. Und damit war Österreich einer seiner bedeutendsten Deviseneingänge beraubt. Die im Untergrund kämpfenden Nazi, kurz „Illegale“ genannt, machten sich immer mehr bemerkbar. Zwischen Wolkersdorf und Ulrichskirchen wurde am Bahnkörper eine Sprengladung zur Entzündung gebracht, die jedoch keinen Schaden anrichtete.

Der Gesangsverein probte zur Frühlingsliedertafel 1933 „Der Kreutgeister Hochzeitsreigen“ von Josef Schneider. Es wirkten mit Dr. Alois Hamböck als Kreutgeist, weiters Frieda als weibliche Hauptrolle, sodann noch Martha Jarisch, Mitzi Meutzner u.a. Unser Orchester begleitete. Wieder ein musikalischer Erfolg für den Verein, wie überhaupt zu dieser Zeit der MGV Wolkersdorf durch seine Liedertafeln, Silvesterfeiern und Sängerbälle viel zum musischen Leben in Wolkersdorf beitrug.

Im September 1933 sollte in Wien ein Allgemeiner deutscher Katholikentag in Verbindung mit der 250 Jahrfeier der Türkenbefreiung (1683) stattfinden. Daraus wurde nichts. Es fand zwar der Katholikentag statt, aber die Besucher aus Deutschland konnten nicht anreisen, sodass nur die Deutschen aus Südmähren, und diese waren nicht allzu viel, aus Ungarn und Jugoslawien als Ausländer teilnahmen. Ich selbst habe mit Leuten gesprochen, die zum Teil mit Pferd und Wagen aus der Nikolsburger Gegend durchzogen. Aus ihren Reden spürte man, dass sie von dem

Phänomen Hitler gefangen waren und sich von dort „Befreiung" erhofften und nicht vom schwachen Österreich, obwohl sie einmal doch Österreicher waren. Anlässlich des Katholikentages hielt Dollfuß am Trabrennplatz eine programmatische Rede, eigentlich legte er an diesem 11.9.1933 das Programm der Vaterländischen Front dar: „Der Parteienstaat ist zu Ende, wir wollen einen sozialen, christlichen, deutschen Ständestaat, unter starker autoritärer Führung".

## Über Literatur

Von den Reisebüchern Sven Hedins, den klassischen Sagen des Altertums, dem Nibelungenlied und den fantastischen Romanen Jules Vernes abgesehen, gehen die Anfänge meiner Erlebnisse mit Büchern auf das Jahr 1929 zurück. Erste, zarte Regungen der Seele fanden Erfüllung in der empfindsamen Dichtung „Immensee" von Storm und in dessen anderen Sommergeschichten, die alle eine leise Melancholie atmen und angetan sind, einen Jüngling mit 15 Jahren ganz in ihren Bann zu ziehen. Im Jahre 1931 erstand ich durch Vermittlung Otts, unseres Kanzleivorstandes, eine kleine Bibliothek nach dem verstorbenen Lehrer Kade. Ich besaß nun schon Grillparzer, Wieland, Lenau. Kam über Oberon, Sappho, den Schilfliedern durch Mitwirkung Rebensteiners zu Jean Paul Friedrich Richter, dessen Traumdichtungen, romantisch-philosophischen Inhalts, mich in Verbindung mit dem damals in mir mächtig hervortretenden Gefühl für die Landschaft ganz gefangen nahmen. Anlässlich des 100. Todestages kaufte ich mir 1932 eine 10-bändige Götheausgabe. Ich war Mitglied der deutschen Buchgemeinschaft und bekam von Herrn Rebensteiner viele, viele Buchgeschenke. Von den Schilfliedern Lenaus kam ich zu Morgenstern und durch Zufall auf Anton Wildgans Sonette „An Ead". Ich war selig. Ich kam dann auf die tief ansprechende, mit Gefühlsduselei nichts zu tun habende Lyrik Wildgans. Zu Weihnachten 1937 schenkte mir Frieda die Briefe Wildgans und kurz vor dem März 1938 erwarb ich gerade noch zur rechten Zeit die Gesamtausgabe. Bei den NS war A. Wildgans verpönt. Dann war da Mörike mit seinen Gedichten und Erzählungen, überhaupt einer der Lieblingsdichter meiner Jugend, ich denke da nur an das Märchen von der schönen Lau. E.T.A. Hoffmann spielte viel in mein Leben mit seinen Erzählungen hinein und heute, 1970, haben sie noch nichts von ihrem Glanz eingebüßt.

Manchmal erschienen in Anthologien und Zeitungen Gedichte eines Josef Weinheber. Es war für mich wie ein Traum, all dies in Gedichtform zu finden, was mich selbst bewegte. Sei es Natur, Liebe, die strenge Form, die unerbittliche Wahrheit zu sich selbst. Dabei kannte ich nur ein paar Gedichte, die eben sporadisch erschienen waren. Ich wusste, dass er national eingestellt war, aber dies tat bei mir keinen Abbruch. Merkwürdig. Endlich 1934 zu Weinachten erschien sein Band „Adel und Untergang“. All die Zeit, die dann kam, war Weinheber gewidmet. Als 1935 „Wien wörtlich“ erschien, konnte ich bald ganze Gedichte hersagen. Im „Kalenderbuch“ war das Jahr, sein Ablauf und Geschehen eingefangen und in der „Späten Krone“ wuchsen die antiken Strophen gleich den Bauwerken der Hellenen. Im Dezember 1934 entschloss ich mich meinem Idol einen Brief zu schreiben. Und ich bekam Antwort. Ich weiß es noch ganz genau, ich holte die Post für die Sparkasse und der Briefträger gab mir meine Post mit. Ich konnte es nicht glauben, es war ein Brief von Weinheber dabei. Es schneite, aber ich musste ihn auf der Gasse öffnen, ich war verzaubert. Der Brief hat den Krieg überdauert und trägt noch heute die Spuren des Schnees von damals in verwaschenen Buchstaben mit sich.

Eine ganz besondere Abteilung meiner Bücher bilden solche lyrischen Inhalts oder solche, in welcher Prosa der Lyrik gleichzusetzen ist. Selbst irgendwie manchmal zum Gedicht angeregt, finde ich die reinste Freude, das beste Empfinden wieder in den Strophen ausgedrückt. Es war damals vor allem auch R.M. Rilke im Stundenbuch, in der Weise von Liebe und Tod, im Malte Laurids Brigge und ebenso begleiteten mich die expressionistisch angehauchten Verse Trakls bei meinen Wanderungen über Land. Durch den Christlich-deutschen Turnverein blühte eine Freundschaft mit Karli und Walter Krexner und Pepi Exler auf, die ich immer eine Stefan Georgische nannte. Einer dem andern aufgeschlossen, allesamt Weinheber Verehrer, Österreich unser Schild und Panier:

Karl August Klein, ein Freund Stefan Georges, schrieb in seiner Sendung Stefan Georges: „Nur eine Minute währte die Befangenheit. (Als Klein George kennen lernte.) Ein Etwas, von dem ich mir noch nicht Rechenschaft zu geben musste, quoll langsam in mir auf, weitete sich rätselhaft, hob sich jach empor und gestaltete sich zu wortloser Seligkeit. Eine Saite kam ins Schwingen und ein wunderbares Klingen erzitterte in ihr. Ich gestehe es ohne Scheu und Rückhalt: Eine seltsame Wandlung ging in mir vor." Soweit Klein. Und wenn ich zurückdenke, ging es uns vieren ähnlich.

## Unter der Regierung Dollfuß

Das Jahr 1934 begann mit Sondierungen der Regierung, um die Unabhängigkeit garantiert zu bekommen. Die sogenannten römischen Protokolle, eine Art Dreibund – Italien, Ungarn und Österreich – sollten dies bewirken. Aber wie schwach solche politischen Zugeständnisse sind, sollte sich bald erweisen. Was nützte der autoritäre Kurs, wenn 50% der Sozialdemokraten und ich weiß nicht wieviel Prozent der NS vom politischen Geschehen abgetrennt und in den Untergrund gedrängt wurden.

Auf Bajonetten konnte keine Regierung auf Dauer bestehen. Und im Februar 1934 fand der Tragödie erster Akt statt, im Juli 1934 der zweite und im März 1938 fiel der Vorhang. Am 12.2.1934, einem Montag, sagte Ing. Prager, unser Kanzleileiter, nach einem Telefongespräch, das er wahrscheinlich mit Ing. Sepp Haas geführt hatte: „Der Schutzbund ist im Aufstand und die Heimwehr ist alarmiert." Prager war in den Jahren 1929-32 Bezirksführer der Heimwehr, trat dann nach seiner Definitivstellung in der Sparkasse zurück und schob Ing. Sepp Haas, den Hausfreund, den Freund seiner Frau Gusti, an diese Stelle. Nach diesem Anruf ging alles sehr rasch. Ich konnte vom Fenster der Sparkasse aus in der Hauptstraße schon bewaffnete Heimwehrmänner sehen. Zu den Fanatikern zählte damals Sikora (aus dem Tinkl Haus) und Pepi Jechtl. Die Heimwehr besetzte alle wichtigen Stellen, Bahn, Gemeinde, Post, die Zu- und Abfahrtsstraßen, besonders die Bundesstraße, und schließlich erfuhr ich, dass in Wien der Generalstreik ausgerufen war. In Wolkersdorf wurden die führenden Sozialdemokraten verhaftet: Dürauer, Gruber, Weiss Franz, Willrader, das Standrecht wurde verhängt und alle Waffen mussten abgeliefert werden. Ich erinnere mich noch, dass Josef Diegisser, ein rechtsstehender guter Katholik, einen Hinterlader aus dem Jahre 1866 zur Gemeinde brachte, obwohl dieses Stück eher in ein Museum gehörte. Bei den Sozialdemokraten wurden Hausdurchsuchungen vorgenommen und bei Franz Weiss im Alten Markt im Klosett welche gefunden. Da man Brandstiftung befürchtete, ordnete mein Vater einen Bereitschaftsdienst im Feuerwehrhaus an und so verbrachte ich die Nacht vom 12. zum 13.2.1934 im Spritzenhaus. Aber es ereignete sich nichts. Inzwischen war auch durch Radio bekannt geworden, dass der Aufstand des Schutzbundes in Linz seinen Anfang nahm. Am 13.2. brachten Gendarmen und Heimwehrleute das ganze Schrifttum der Sozialdemokratischen Partei, ihre Bücher, Protokolle auf die Gemeinde und im Sitzungssaal lagen die Werke von Marx und Engels, aber auch die Schriften Adlers usw. Nun wusste ich, in Österreich tobte der Bürgerkrieg.

Die Wiener Gemeindebauten erwiesen sich als richtige Widerstandsburgen. Artillerie wurde eingesetzt. Es waren schreckliche Tage. Obwohl ich immer rechts stand, war ich aber auch mit meinen ehemaligen „roten“ Schulfreunden gut, besuchte den Ball der „Roten Nelken“ ebenso wie den Ball des konservativen Burschenvereines. Was sollte man sagen, wenn in Wien das Standgericht tagte und der Henker reiche Arbeit hatte. Nach einer Woche, so um den 20.2. nahm mich Sepp Haas mit nach Wien. Er hatte militärisch-politische Besprechungen – und der Kraftfahrer und ich sahen uns Wien nach der Niederwerfung des Bürgerkrieges an. Am Laaerberg die verlassenen Stellungen, den Karl Marx Hof in Heiligenstadt, der wie der Schlingerhof in Floridsdorf schwer beschädigt war. Die Artillerie stand im Inundationsgebiet und bestrich die beiden Höfe auf das exakteste. Dort, wo heute am Schlingerhof eine Gedenktafel an den Februar 1934 angebracht ist, klafften damals riesige Löcher. Vom Rathaus wehte die weißgrüne Fahne der Heimwehr, neben der rot-weißen Wiens und der Staatsflagge. Selbstverständlich wurden nach der sofortigen Auflösung der sozialdemokratischen Partei sämtliche Gemeindestuben, Ämter usw. von den Sozialdemokraten gesäubert. Richard Schmitz wurde als Nachfolger Karl Seitz Bürgermeister von Wien. Als Vertrauensmann der Heimwehr fungierte Vizebürgermeister Major Lahr, den ich einmal treffen sollte, aber unter anderen Vorzeichen als im Februar 1934. Von den Gemeindehäusern wehten die weißen Fahnen der Übergabe. Ich weiß nicht mehr, wie lange das Standrecht verhängt war, auf jeden Fall war der Fasching mit dem 13.2.1934 zu Ende. Von den sozialdemokratischen Führern flohen u.a. Dr. Otto Bauer und Dr. Julius Deutsch in die CSR.

Die Wirtschaft war schwer getroffen, das Sparkassengeschäft lag darnieder, da die Angst vor einer Schillingabwertung oder inflationären Maßnahmen jede Spartätigkeit unterband. Die Regierung Dollfuß kämpfte – in der Rückschau gesehen – vergeblich um Vertrauen. Der Gegensatz zwischen Schwarz-Grün und Rot war zu groß. Natürlich ging das Leben weiter und besonders sollte die ständische Verfassung die Lücken schließen, die dadurch entstanden, dass in allen Körperschaften die Arbeiter fehlten, die meist von den Sozialdemokraten gestellt wurden und deren Partei jetzt verboten war. Es gab auch Christliche Arbeiterverbände, aber an Größe ließen diese keinen Vergleich mit der Sozialdemokratie zu. So beschloss ein Rumpfparlament bestehend nur aus den Christlichsozialen (Großdeutsche und Landbund fehlten, die Sozialdemokraten selbstverständlich) am 30.4.1934 die neue Ständische Verfassung. Die Christlichsoziale Partei löste sich selbst auf und nur die Vaterländische Front war der einzige politische Willensträger und Willensbildner. Hatte Hitler dies alles nicht ein Jahr vorher vorexerziert? Kein Wunder, dass die Gegner immer wieder hinwiesen, VF und Heimwehr sind nicht besser als Faschisten und Nazi. Besonders arg traf diese tragische Entwicklung die Katholische Kirche, die sich trotz vielen Kirchenaustritten mit der Politik zu sehr liiert hatte. Auch ihre schwere Stunde sollte kommen.

Der 1. Mai, der Tag der neuen Verfassung, wurde am Rathausplatz begangen. Wo in den vergangenen Jahren die Sozialdemokratie aufmarschierte (im Jahre 1933 nur mehr unter dem Schutz der Gendarmerie), wo Dr. Hermann Löw, der Wäscherei-Krautschneider, einmal sogar Julius Deutsch sprachen, wo die sozialistische Jugend mit geschmückten Rädern, der ATSP-Verein mit großen roten Fahnen, die Elite, die Eisenbahner in Scharen demonstrierten, die „Internationale“ und das „Lied der Arbeit“ gesungen wurde, standen jetzt im dünnen Spalier die Wolkersdorfer Rechten – lies Ultramontane, das Schimpfwort von Blau und Rot für die Christlichsozialen – und, da es dem rechten Element schon niemals an demonstrativen Handlungen lag, war die Beteiligung auch dementsprechend schwach. Es lag so etwas wie Furcht und Angst in der Luft. Die Heimwehr, das ehemalige Sammelbecken von Rechts, bestand nur mehr aus ehemaligen christlichen Parteigängern und Militärfanatikern (Hauptmann Hartmann, Major Weigl), die extreme Rechte war braun geworden und in der Illegalität (Steuerbeamte wie Wudernitz, Schinkele, Pezigast – unser Ing. Prager –) und standen somit abseits.

Dollfuß feierte im Wiener Stadion. Doch aus den Reden der nicht 100%-igen VF-Leute hörte man immer wieder höhnisch (Plechaty Karl), Dollfuß feiere nur mit den von den Wiener Schulen abkommandierten Kindern. Auf jeden Fall war es bis auf die fortgesetzten Sprengstoffanschläge der Nazis ruhig. Von Nazis proklamierte Zigarettenstreiks erhöhten nur den Raucherkonsum durch Heimlichkeit. Die sozialdemokratische Linke verhielt sich wenigstens in Wolkersdorf loyal. Die Inhaftierten vom Februar waren längst wieder zu Hause, aber Arbeit, wer gab Arbeit auch noch denen, wenn die verlässlichen Bürger keine finden konnten. Im Juni 1934 fuhr der Christlich-deutsche Turnverein Wolkersdorf zu einem Gaufest ins Wiener Stadion. Auch Dollfuß war anwesend und sprach. Bei seinem Abgang waren wir im Spalier (Frieda und ich) in der ersten Reihe und suchten des Kanzlers Hand zu erhaschen.

Am 30. Juni 1934 gab es nicht nur für Österreich, sondern für die ganze Welt ein böses Erwachen. Deutschland hatte aufgehört ein Rechtsstaat zu sein. Unter dem Vorwand, dem sog. Röhm-Putsch – Röhm war Stabsführer der SA – zu begegnen, wurde es eine Blutnacht, bei der hunderte Gegner des Regimes, darunter General Schleicher mit Frau, ohne Gerichtsurteil ermordet wurden. Um die Sache schmackhafter zu machen, sprach man und schrieb man später von einem Geschwür an der Partei, das beseitigt werden musste. Es waren nämlich unter den höheren SA-Führern nicht wenige, die homosexuell veranlagt waren, Röhm inbegriffen. Aber was hatte das mit den vielen Zentrums KP-Leuten und Sozialisten zu tun?

Obwohl sich Dollfuß bemühte, redete, beschwor, landauf und landab reiste, politische Ruhe trat nicht ein. Das Ausland, Frankreich, England, Amerika, bewunderten den kleinen David, der den Kampf mit Goliath, dem Dritten Reich, aufgenommen hatte. Aber am Ballhausplatz ließ man ein Schwein los, auf dem in grellen Farben „Dollfuß“ stand, und das über den Ring zum Rathaus lief, ehe es eingefangen werden konnte. Die Arbeiter waren keine Nazifreunde, aber im Kampf gegen den Ständestaat waren sie sich einig. Sie stellten keine Mitarbeiter zur Verfügung und daran änderte auch nichts die Tatsache, dass Dr. Karl Ernst Winter, 2. Vizebürgermeister von Wien, ein Gelehrter, linksstehend, mit einer Soziallehre, die vieles mit den Ansichten Dollfuß gemeinsam hatte, zu den Arbeitern in Versammlungen redete. Winter war bei Eckensperger in Wolkersdorf, der Saal war zu einem Viertel besetzt, und das von Leuten, die seiner Worte nicht bedurften oder ihn nicht verstanden.

Am 25. Juli 1934, einem Mittwoch, war das Leichenbegräbnis der Mutter unseres Regenschori, Frau Schreiber. Da „Frau Anna“ wie sie überall hieß, auch beim

Orchester im Gesangsverein das Harmonium meisterte, waren wir vom Verein auch beim Leichenbegräbnis ihrer Mutter. Im Gasthaus Zier (Schwarzenberger) versammelten wir uns, und als wir vor dem Trauerhaus in der Mittelstraße (jetzt Lahofer) standen, kam noch Hamp Franz und sagte: „Dollfuß ist zurückgetreten, Rintelen ist Bundeskanzler", (es war 1/2 2 Uhr) er, Hamp, habe es zwar nicht selbst im Radio gehört, aber auf jeden Fall sei diese Nachricht durchgekommen. Die Nazis unter uns zeigten unverhohlene Freude, ich konnte es nicht fassen. Nach dem Leichenbegräbnis war noch immer Ungewissheit und erst gegen Abend erfuhr man die Wahrheit! Dollfuß wurde ermordet. Verkündigung des Standrechtes wegen Aufruhr, Aufbietung der Wehrverbände. Bei uns war es ruhig. Aber in den Bundesländern, besonders Steiermark und Kärnten, kam es zu schweren Kämpfen.

Die Bevölkerung reagiert auf solche Ereignisse besonders in Sachen Geld und so hatten wir in der Sparkasse wieder alle Hände voll zu tun, um einen Run abzuwehren. Die Beamten der Sparkasse erhielten vom Vorstand folgende Weisung:
„Sitzung 26.7.1934. Den Herren Beamten wird eingeschärft, dass sie in der jetzigen kritischen Zeit, doppelte Aufmerksamkeit im Parteienverkehr haben sollen. Josef Lehner, Schriftführer."
Natürlich hat es so wie im Februar wieder viele Angstabhebungen gegeben. Wie sollte da die Wirtschaft prosperieren, wenn innerhalb eines halben Jahres zwei Bürgerkriege die Grundfesten des Staates erschüttern.

Am Samstag, den 28.7.1934 war das Begräbnis des ermordeten Kanzlers. Die VF Wolkersdorf unter Leopold Erkl, dem nachmaligen Bürgermeister, rief zum Besuch der Trauerfeier auf. Frieda und ich fuhren, Hunderttausende waren auf den Straßen. Wir standen ganz in der Nähe des Wiener Rathauses ganz vorn im Spalier. Der Trauerzug, vom Parlament herkommend, passierte das Rathaus, während auf der Loggia eine Bläservereinigung die Trauermusik aus „Götterdämmerung" spielte. Vor dem Sarg Kardinal Innitzer mit der Geistlichkeit, hinter dem Sarg die Witwe, geführt von Fürst Starhemberg und Minister Stockinger. Dann die Regierung, Trauerleute, und dann Menschen und wieder Menschen. Das Begräbnis fand am Hietzinger Friedhof statt. Später wurde die Leiche in der Seipel-Dollfußkirche am Vogel-weidplatz beigesetzt. Nach dem Naziüberfall auf Österreich fand Dollfuß endgültige Ruhe wieder auf dem Hietzinger Friedhof. Am 29.7.1934 wurde Dr. Kurt

Schuschnigg Bundeskanzler, Starhemberg Vizekanzler, Major Fey Generalstaatskommissar. Starhemberg wurde auch Führer der VF, und Schuschnigg Stellvertreter. Die Kanzler-mörder Planetta und Holzweber wurden hingerichtet.

Auch beim Nachbarn im Dritten Reich fand eine Wachablöse statt. Am 2. August 1934 starb Reichspräsident von Hindenburg. Hitler übernahm zum Amte des Reichskanzlers auch das des Reichspräsidenten und fungierte ab sofort als „Führer und Reichskanzler". Diese Stelle als Oberhaupt des Deutschen Reiches und Oberbefehlshabers der Reichswehr ließ sich Hitler durch eine Volksabstimmung bestätigen, die wie üblich mit über 90% „ja" endete.

Die folgenden Monate schienen eine innere politische Befriedung zu bringen. (Obwohl es ohne ein Konzentrationslager in Wöllersdorf nicht abging). In Wolkersdorf brauchte sich nichts zu ändern. In der Gemeinde und Sparkasse saßen wie früher die Nationalen. Vom Steueramt habe ich schon gesprochen. Das Bezirksgericht war mit einem untadeligen Manne besetzt: Dr. Heidner. Bei der ÖBB taten (wenn auch nicht in Wolkersdorf) die Nazis Zwieauer, Dichler und Diem Dienst. Das rot-weiß-rote Zeichen der VF trugen sie auch als Zeichen der Trauer schwarz umhüllt, ansonsten spendete man aber für die österreichische Legion. Die Legion stellte jene geflüchteten Österreicher, die in Deutschland (Bayern) zur Befreiung Österreichs ausgebildet wurden. Eine diesbezügliche Zeitungsnotiz in der „Reichspost", die ich veranlasste, brachte mich diametral zu den Nationalen.

Aber in der Bundespolitik geschah etwas. Die Regierung legte im September eine Anleihe auf, die überraschend schnell gezeichnet war (150 Millionen Schilling). Geht die Wirtschaft aufwärts? Es wäre gegangen, aber es konnte nicht gehen, da, wenn auch die Regierung immer sagte, die Bevölkerung billige den Weg auf der Dollfußstraße, und sie billigte ihn auch. Aber zu viele Gegner saßen bis in die höchsten Stellen des Staates und boykottierten jeden Erfolg.

Anfang November 1934 begann mein Vater zu kränkeln. Er, ein Mann wie ein Bär, 104 kg schwer, robust, jedem Wetter trotzend, saß untätig in der Küche. Der Arzt stellte eine Herzmuskelentzündung fest. Er sollte nichts trinken, ging aber doch zum Heurigen und war es die Krankheit oder ein anderes Gebrechen seelischer Natur, am Mittwoch den 14.11.1934 holte mich Resi Nefischer, eine Schwester der Stiefmutter, (Reserl hatte ein Verhältnis mit dem Apotheker Ph. Mr. Hans Eder) um 10 Uhr vormittags aus der Kanzlei: Vater ist tot. Bei Tisch, bei einem Grammelfrühstück ist er plötzlich zusammengesunken und lebte nicht mehr. Als ich heimkam, lag er angekleidet im Bett, Arzt und Pfarrer Kraupner waren anwesend, Vater erhielt die letzte Ölung und wurde wie Mutter im Schlafzimmer aufgebahrt. In voller Feuerwehruniform. Es war ein warmer Tag und auch der nächste Tag war warm, sodass wir Eis unter den Sarg stellten, um der Zersetzung Einhalt zu bieten. Doch es nützte nichts, wir mussten den Sarg vorzeitig schließen.

Am 15.11. (Leopold) war auf dem Kirchenplatz eine Kundgebung der VF. Es sprach Bürgermeister Rögner aus Obersdorf (Bezirksleiter der VF) und Major Fey. Rögner, aus falscher christlicher Schau gebrauchte Worte wie „Kanzler Dollfuß, schau herunter“, die, man würde heute sagen, nicht ankamen. Fey wurde sofort nach dem Kanzlermord scheel angesehen, da er als einziger als Regierungsmitglied im Kanzleramt anwesend war und von den Putschisten mit Glacéehandschuhen behandelt wurde, ja man sagte ihm sogar den Mord an Kanzler Dollfuß zu, um seinen ehrgeizigen Plänen Bahn zu brechen. Die Sache ist bis heute nicht geklärt und wird nie geklärt werden. Fey hat 1938 Selbstmord verübt und keinerlei Schriftstücke hinterlassen.

Ich stand abseits der mageren Kundgebung und dachte unwillkürlich wieder an jenen 12. November der ersten Republik, dem Staatsfeiertag, der aber ähnlich dem 1. Mai ein Privileg der Sozialdemokraten war. Aufmarsch, rote Fahnen, Lieder, Reden. War die erste Republik nicht auch von rechtsstehenden Politikern mitbegründet worden? Ja, es war schwer in den Jahren nach 1918 mit dem Staatsbewusstsein, mit dem Willen überhaupt zum Staat bestellt.

Am 16.11.1934 war das Begräbnis. Der Leichenzug ging Hofgartenstraße, Johannesgasse, Alleegasse, Wienerstraße vorbei am Feuerwehrhaus (mit Sirenenklang), Hauptstraße, Kirche, Friedhof. Der Sarg stand auf dem Hydrophor und wurde von vier Pferden gezogen. Eine riesige Menschenmenge und eine Unzahl von Feuerwehrkameraden begleiteten ihn.

Noch im November machte ich in Wien beim Verband der österreichischen Sparkassen die Prüfung und das Jahr 1934 schloss doch nach all den schrecklichen Tagen mit einem freudigen Schimmer: Der Brief von Weinheber und dann dachten wir, Frieda und ich, an die Heirat.

So begann das Jahr 1935 in einem Land, das in seiner Bevölkerung in so extremen Lagern stand, wenig hoffnungsvoll. Die Sozialdemokratie, bejahte sie Österreich, wer wusste es. Dass die Nazis Österreich hassten, wusste jeder. Der Rest wollte Österreich, wie groß war dieser Rest? Deutschland trumpfte mit wirtschaftlichen und außenpolitischen Erfolgen auf, brach alle Verträge der Weimarer Republik und es schien, als ob die ganze Welt gespannt auf den Gleichschritt der ganzen deutschen Nation lauschte. Die Nation war ja eingepfercht wie in eine eiserne Rüstung, ich meine nicht die richtige Rüstung, die kam noch, sondern in die Tatsache, dass von der Geburt bis zum Tode jeder in etwas mitzuwirken hatte. Küken, HJ, RAD (Reichsarbeitsdienst), SA, SS, Wehrmacht, DAF (Deutsche Arbeitsfront), NSV (Nationalsozialistische Volkswohlfahrt), Reichskolonialbund, NSKK (Nationalsozialistische Kraftfahrkorps), der Volksempfänger wurde zugeteilt und der Volkswagen ebenfalls, dieser jedoch mit Einschränkung. Jetzt kommt die Rüstung und die hatte Vorrecht.

Aber angespart konnte werden und fast jeder tat es. Eisern wurde gespart, jedem seine Heimstatt. Ein Volk, ein Reich, ein Führer, faszinierend für die ewiggestrigen Großdeutschen in Österreich, mehr noch für die Arbeitslosen, die sahen, dass Hitler mit der Arbeitslosigkeit aufgeräumt hatte und Unmögliches möglich machte. Dachte einer an Zwang, Polizei, Spitzel usw. von denen, die sich nach „draußen sehnten"? Ich glaube nicht. Und die Deutschen selbst hatten nichts mehr zu denken, denen wurde vorgedacht. So standen wir, ich, die Austrofaschisten allein, weil wir Österreich wollten. Aber keiner wollte begreifen, dass es auch bei uns in Österreich wirtschaftlich besser werden würde, so wie es in den umliegenden Staaten, Ungarn, CSR, Jugoslawien auch besser wurde, je weiter die wirtschaftliche Gesundung der ganzen Welt nach der Krise von 1929-1931 fortschritt. Die Regierung konnte im Jahre 1935 eine Arbeitsanleihe von ebenfalls 150 Millionen Schilling unterbringen. Es wurden Straßen gebaut, ich erinnere mich an die Großglocknerhochalpenstraße, die Arbeitslosigkeit ging im Sommer 1935 fühlbar zurück, die Spareinlagen wuchsen wieder, aber es fehlte irgendwie der zündende Funke und rückschauend kann ich nur sagen, dass nicht nur Österreich, das kleine Land, unter dem steten Einfluss des großen Nachbarn litt, sondern die Großmächte ebenso wie ein kleiner Pimpf starr das Wunder „Hitler" ansahen, bewunderten und – schwiegen. Hat sich die Welt erregt, als Carl Ossietzky den Friedensnobelpreis erhielt und ihn nicht annehmen durfte, ja kurze Zeit darauf elendig krepierte? Nichts geschah.

## Verlobung und Hochzeit

Frieda und ich verlobten uns am 21.5.1935. Wir schenkten uns Ringe im Walde und Schwiegermutter bewirtete uns abends, was mir peinlich war, da ich jedes Aufsehen hasste.

Im Juli 1935 war das Verbandsturnfest des Christlich-deutschen Turnvereins Österreichs in Linz. Auf dem Weg zum Besuch des Festes verunglückte das Auto des Bundeskanzlers Dr. Schuschnigg und seine Frau starb am Unfallsort in Ebelsberg bei St. Florian. Ich selbst war nicht beim Fest, doch Frieda, die dabei war, erzählte, dass über der ganzen Veranstaltung eine dumpfe Trauer lag.

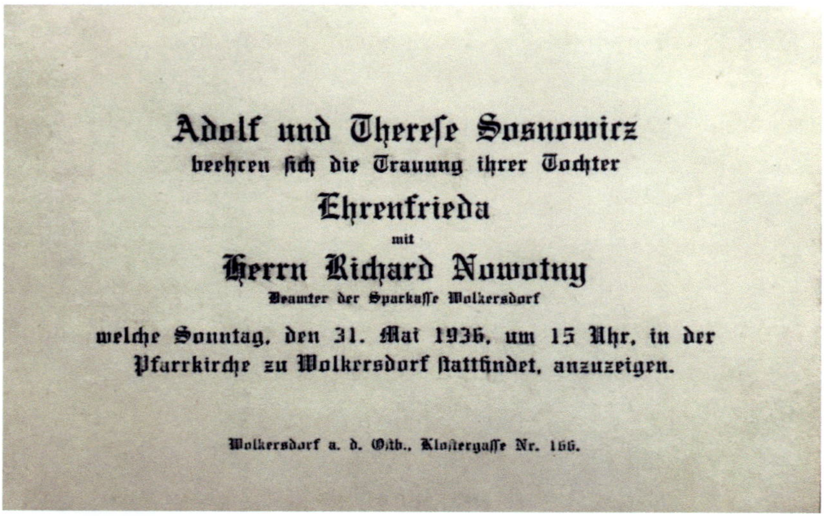
Adolf und Therese Sosnowicz
beehren sich die Trauung ihrer Tochter
Ehrenfrieda
mit
Herrn Richard Nowotny
Beamter der Sparkasse Wolkersdorf
welche Sonntag, den 31. Mai 1936, um 15 Uhr, in der
Pfarrkirche zu Wolkersdorf stattfindet, anzuzeigen.

Wolkersdorf a. d. Ostb., Klostergasse Nr. 166.

*Hochzeitsanzeige Frieda und Richard*

Nachdem wir durch unsere Verlobung nun fest verbunden waren, mussten wir an die Hochzeit denken und besonders ich sehnte mich nach einem eigenen Heim. Die Wohnungsfrage wurde dadurch gelöst, dass meine Stiefmutter einverstanden war, die Werkstätte, die straßenseitig lag, in den Hof zu verlegen und wir dadurch (eine Mauer wurde geworfen) zu 1 Küche und 2 Zimmern kamen. Unser Leben verlief harmonisch in Fahrten und Wanderungen, allein und mit Freunden, mit Volkstanz und Volkslied. „Wenn alle Brünnlein fließen“ ... wie oft sangen wir es im Wald. Ich erinnere mich besonders der beliebten Sendung „Wir lernen Volkslieder“ im Radio, gehalten von Karl M. Klier. Viele dieser Lieder fanden auch in unserem Kreise Eingang, ich meine in unsere Heimstunden und so blieben wir eine verschworene Gemeinschaft Gleichgesinnter.

Im Sommer 1935 machte der Österreichische Sängerbund eine Fahrt mit einem Sonderzug nach Budapest. Ich war dabei. Meine zukünftige Schwägerin Josefine war in Stellung in Budapest, zeigte mir die Stadt, stellte mich ihren Leuten, der Familie Rosenberg vor, und alles in allem waren die drei Tage in Budapest sehr schön. Das Ständchen vor dem ungarischen Ministerpräsidenten auf der Burg, ausgeführt von tausenden Sängern, entlockte auch dem sonst finster blickenden Gömbös ein freudiges Lachen.

Österreich hatte das Bundesheer, eine Söldnertruppe, durch Einführung der Wehrpflicht in ein richtiges Militär umgewandelt. So kam ich im Herbst 1935 noch zur Musterung und wurde tauglich zum Dienst ohne Waffe befunden. Nicht nur wir, Frieda und ich, sondern auch unsere Verwandten machten sich Sorgen, wie es wohl gehen würde, da wir doch kurz vor der Hochzeit standen. Doch die unbekümmerte Jugend in uns, die Liebe, ließ solche Probleme nicht allzu groß anwachsen und wir begannen unser Heim einzurichten. Wie es in solchen Situationen fast immer kommt, man lese nach im „Sommernachtstraum“ von Shakespeare, stellte sich die Stiefmutter gegen die Heirat. Vielleicht auch deshalb, da es ihr nicht angenehm war in die Verwandtschaft Sosnowicz hineingezogen zu werden, da ein Bruder von ihr, eine nicht gerade rühmliche Rolle in Beziehung zu einer künftigen Schwägerin (Marianne) spielte, und war auf uns bös. Sie war auch nicht auf der Hochzeit. Erst nach zwei Jahren wurden wieder Bande geknüpft, die aber sehr lose waren und erst der Krieg brachte uns wieder richtig zusammen.

Im Frühjahr 1936 machten wir wie immer unsere Ausflüge in die nähere und weitere Umgebung, alles zu Fuß, nur selten benutzten wir ein Fahrzeug. Wir gingen bis Würnitz oder wir fuhren mit dem Autobus nach Hagenbrunn, spazierten über den Bisamberg nach Klosterneuburg und zurück ging es über das Kahlengebirge wieder bis zu einer Autobushaltestelle. Wir beschlossen als Heiratsdatum den Pfingstsonntag, den 31. Mai 1936.

Am 3. Mai 1936 wurde Wolkersdorf von einer argen Hagelkatastrophe verbunden mit einer Riesenüberschwemmung heimgesucht. Wie immer stand der Kirchenplatz unter Wasser, und trotz eines Zeitraumes von 33 Jahren und gewaltigen Kanalisationen ist es im Jahre 1969 wieder passiert, dass nach einem gar nicht zu argen Gewitter der Kirchenplatz unter Wasser stand und bei Lande das Wasser ins Geschäft eindrang. Warum dies ist, werde ich später bei den Schilderungen über den Raubbau, der an der Natur in und um Wolkersdorf betrieben wird, begründen.

Am Christhimmelfahrtstag, 21. Mai, fuhren wir Hochzeitsladen nach Wien zu Onkel Alois und Tante Anny. Am Pfingstsamstag gab es ein Ständchen des Gesangsvereines, einen Fackelzug der Turner und Turnerinnen und am Sonntag, den 31.5.1936 rauschte beim Einzug in die Kirche der Hochzeitsmarsch von Mendelsohn auf. Natürlich fuhren wir im Kaless. Pfarrer Kraupner hielt die Trauung, Trauzeugen waren Hans Kaes, Bäckermeister, Wien und Franz Stiedl, Schneidermeister, Wolkersdorf.

*Die Hochzeitsgesellschaft in der Klostergasse 2*

Der Tag war heiß und schön und Schwager Böhm hatte nach der Trauung schon ein Fass Bier im Gang angeschlagen. Die Hochzeitstafel war einzig und die Hochzeitstorte ein einmaliges Kunstwerk aus Zucker. Und dies alles wurde selbst gemacht. Hochzeitsköchin war Frau Nittmann und ich weiß nicht wie viele Helfer zur Seite standen, um die vielen Gäste in richtiger und würdiger Weise zu betreuen. Die Namen der Gäste will ich mir schenken und lieber ein Foto sprechen lassen. Am Morgen nach der Hochzeitsnacht (es mag etwas wunderlich in unserer Zeit wirken, aber wir gingen rein in diese Nacht hinein) klopfte nicht nur der Regen ans Fenster, sondern auch ein Mensch. Es war Max Schleifer, der ausgerechnet am Pfingstmontag früh eine Brunnenreparatur meiner Stiefmutter anzusagen hatte. Doch was machte einem jungen Paar schon der Regen, wir hatten unsere Karten für die Hochzeitsreise in der Tasche und fuhren am 2.6.1936 los.

2.6.

Abfahrt mit Autobus nach Wien. Von Wien über den Semmering bei herrlichem Wetter, durch blühende Bäume bei Unzmarkt, nach Kärnten bis Klagenfurt. Quartier im Gasthaus „Zum Mohren" genommen, gegessen und dann zum Wörthersee gefahren, kleine Bootsfahrt, nachher Dom und Stadt besichtigt (Lindwurm). Abendessen im Zimmer, vom Zimmer prächtige Aussicht ins Gebirge. Auf den Höhen der Karawanken lag noch ziemlich viel Schnee.

3.6.

Vormittag noch in Klagenfurt und um 1/2 12 Uhr weiter mit der Bahn durch das herrliche Drautal bis Spittal. Von Spittal längs der Lieser hoch oben nach Seeboden gegangen. Von dort mittels Motorboot nach Millstatt. Eine herrliche alte Stadt, mit romanischer Kirche, Stift, Kreuzgang (romanische Fresken) usw. Längs eines Wildbaches durch eine kleine Schlucht einen Spaziergang gemacht und gerastet auf einer Anhöhe mit Blick auf den Millstättersee. Das Strandbad konnten wir nur besichtigen, aber nicht benützen. Zu früh in der Jahreszeit. Rückfahrt mit Boot, wobei uns der Bootsführer die Villa des Filmschauspielers Emil Jannings zeigte. Von Seeboden mit dem Autobus nach Spittal. Quartier am Bahnhof, wieder mit Zimmer, geschmückt mit der Fernsicht in die Berge.

4.6.

Morgens Regen, Regenschirm gekauft. Mittags trotz Regen Weiterfahrt nach Bad Gastein über die Tauern. Einmal Regen, einmal Sonnenschein. Wir hatten ja nicht vor in Gastein zu bleiben, sondern wollten nur den berühmten Kurort besichtigen. Es war für uns ein schönes Erlebnis, den Wasserfall mitten in der Stadt und die besondere Bauart der Häuser und deren Anordnung um den Fall. 17:45 Weiterfahrt nach St. Johann im Pongau. Hier, ein paar km nördlich, hatte es den ganzen Tag nicht geregnet. Gasthof „Zum Hirschen". Abendessen auf dem Zimmer, welches riesige Ausmaße hatte und dementsprechend auch mit Möbeln ausgestattet war. Butter aus Klagenfurt, Wurst aus Spittal, Brot aus Gastein, Bier und Wein von hier in St. Johann.

5.6.

Um 7 Uhr früh aufgebrochen zur Liechtensteinklamm. Nach einer Stunde Wanderns in diesem Naturwunder, von welchem eine Beschreibung nicht zu geben ist. Um 15 Uhr weiter nach Werfen. Haben vom Fenster unseres Zimmers direkte Sicht in das 2400 m hohe Tennengebirge. Und irgendwo dort ist die Eisriesenwelt. Das Zimmer ist so groß, dass noch eine Familie mit 4 Kindern Platz gehabt hätte. Preis S 3,60.

Noch am Nachmittag haben wir die dem Erzherzog Eugen gehörige Feste Hohenwerfen besucht. Der Schnee auf den umliegenden Bergen reicht fast bis zur Hälfte ins Tal herunter. Werfen hat uns mit seinen alten Häusern besonders gut gefallen.

6.6.

Morgens Regen. Bis 1/2 8 Uhr (nicht zum vorstellen) gelegen.

Um 9 Uhr war es nur mehr ein Nebelreisen. Wir gingen ein wenig spazieren. Durch den Zuspruch eines Mannes ermutigt, beschlossen wir zur Eisriesenwelt aufzusteigen. Damals gab es noch keine Gondelbahn. Frieda lieh sich einen Wetterkragen und Bergschuhe und so ausgerüstet begannen wir den Aufstieg bei Nebel bis 1641m. 3 Stunden dauerte der Aufstieg mit einer Rast in einer Hütte, wo wir guten Apfelmost tranken. Von einem riesigen Eingang geht es, natürlich nur mit einem Führer, über Eisseen und Eiswällen, Eisvorhängen, gefrorenen Wasserfällen, Bergen, Toren, riesigen Domen bis zur Höhe von 1775 Meter in der Höhle empor. Das ist aber nur ein kleiner Teil und der Führer erklärte, dass es noch 40 km weitergeht. Nach dem Verlassen der Höhle hatten wir eine wunderschöne Fernsicht in das Tennen- und Hagengebirge und gegen den Hochkönig. Beim Abstieg machten wir einen Abstieg zu 5 kleinen Wasserfällen, konnten Gämsen beobachten und begegneten einen Arzt, der zur einer Geburt in eine Hütte musste. Um 6 Uhr waren wir zurück und jetzt freuten wir uns auf ein Gulasch. „Berg Heil“

7.6.

Sonntag. Morgens Regen. Um 8 Uhr in der Messe. Ganz sonderbare Bräuche, interessant die Trachten. Um 10 Uhr wurde es schön. Mittags gab es einen feinen Schweinsbraten. Nachmittag entlang der Salzach einen kleinen Ausflug, die Luft war ganz rein und es war eine sehr gute Sicht. Sind heute sehr müde und werden bald schlafen gehen.

8.6.

Um 8:30 abgefahren nach Salzburg und um 9 Uhr bei Schnürlregen angekommen. Quartier in der Schranne. Wir ließen uns vom Regen nicht aufhalten und begannen gleich laut Führer die Stadt zu besichtigen. Orgelkonzert im Dom, Festspielhaus besichtigt. Zu Mittag kalt im Stiegelkeller gegessen. Nachmittag trafen wir Kapellmeister Franz Klaus, der mit seinem Orchester abends im elektrischen Aufzug ein Konzert gab. (Hier muss ich einfügen, dass Klaus mit seiner Polizeimusik bei unseren Sängerbällen immer spielte). Wir waren bei dem Konzert bis 12 Uhr dabei. Trafen außerdem noch Stadler Mitzi aus Ulrichskirchen. An diesem Tag auch einen Hut gekauft.

9.6.

Morgens um 8 Uhr mit der Salzkammergutlokalbahn nach St. Wolfgang gefahren. Sehr schöne Fahrt am Mond- und Wolfgangsee vorbei, von St. Gilgen aus übergesetzt. Besichtigung des „Weißen Rössels“ und vor allem des berühmten Flügelaltars von Pacher. Leider dann Regen, sodass wir mittags wieder nach Salzburg fuhren. Wir pilgerten ins Augustinerbräustübl nach Mülln und tranken ein paar Maß Bier. Dazu gegessen Ochsenmaulsalat.

10.6.

Vormittag durch den Mirabellgarten, Linzerstraße in die St. Sebastianskirche, weiters St. Sebastiansfriedhof mit Paracelsusgrab, weiters den Gräbern der Eltern Mozarts und seiner Frau. Nachher Kapuzinerberg (Zauberflötenhäuschen und schöne Aussicht auf die Stadt).

Nachmittag St. Peter, Salzburger Nockerln im Peterskeller, dann Stift Nonnberg besichtigt. In St. Peter das Grab St. Ruperts und St. Vital und das Kruzifix von Adelhart besichtigt. In der Franziskanerkirche die berühmte gotische Madonna ebenfalls von Pacher angesehen. Um 6 Uhr ins Augustinerbräu nach Mülln.

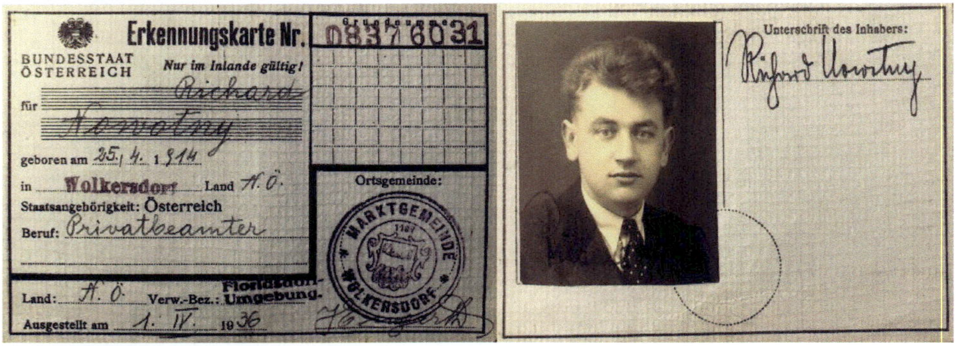

*Ausweis ausgestellt 1936, Marktgemeinde Wolkersdorf, Verwaltungsbezirk Floridsdorf-Umgebung*

11.6.

Fronleichnam. Um 7 Uhr Pontifikalamt im Dom, gehalten von Fürsterzbischof Waitz, nachher, Fronleichnamsprozession unter Beteiligung der Garnison Salzburg durch die Stadt (Segnung am Residenzplatz). Nachmittags zu Hause, Karten und Briefe geschrieben und um 6 Uhr nach Mülln ins Bräustübl. Abends wieder Konzert der Wiener Polizei unter Franz Klaus im elektrischen Aufzug (Adi!!) was dies Adi heißt, weiß ich nicht mehr.

12.6.

Vormittag von Salzburg nach Linz. Wohnen im Gasthof „3 Kronen“. Nachmittag am Pöstlingberg, nachher Stelzhammerdenkmal besichtigt. Abends bei Fini Pulpan.

13.6.

Um 7 Uhr nach St. Florian gefahren. Stift besichtigt. In der Gruft Bruckners, unter der Brucknerorgel gewesen. Guten Wein getrunken. Nachmittags 3 Uhr nach Wien. 1/4 9 Uhr Wolkersdorf und von Mutter mit Backhendln empfangen.

Preis der Reise für eine Person S 104,-.

(Die Beschreibung der Hochzeitsreise habe ich aufgefunden und so abgeschrieben. Nur ein paar Bemerkungen gemacht.)

## Die Familie meiner Frau Frieda Sosnowicz

Meine Schwiegermutter war eine geborene Schramm. Ihr Vater Johann aus Groß Engersdorf gebürtig, von Beruf Fleischhauer, war mit Theresia Turetschek verehelicht, ebenfalls Leute aus dem Fleischhauergewerbe. Wir haben oft darüber gesprochen, warum sich Schramm Großvater nicht an der Südbahn, die damals gerade als Ziel für Sommerfrischen galt, angekauft hatte. Nein, es muss ihn in seine engere Heimat gezogen haben und kaufte sich neben dem Haus Nr. 166 (Sosnowicz) an. Die Schramm waren immer in unserem Gebiet ansässig und lassen sich bis ins 17. Jhdt., eine Seitenlinie sogar bis 1595 verfolgen. Die Großmutter Theresia, geb. Turetschek, lassen sich nicht weit in der Ahnengalerie verfolgen, da, siehe Name, die Ahnen sich irgendwo in der CSR, verlaufen.

Schwiegervater Adolf Sosnowicz, geboren 1866, übernahm nach dem Tod seines Vaters, Adolf Sosnowicz sen., die Wirtschaft auf dem Haus Nr. 166 in Wolkersdorf. Schwiegervater war gelernter Bäcker, dies herrührend aus der ersten Ehe seines Vaters mit Frau Wollenschlager, verwitwete Seehofer, und diese Seehofer waren ein altes Bäckergeschlecht. So hatte mein Schwiegervater Geschwister aus der ersten Ehe seines Vaters – die Seehofers – und er war der einzige Sohn aus der zweiten Ehe, also ein Sosnowicz. Warum dies so war, ist wieder ein Teil der Geschichte Europas, die ihre Einwohner von je zu je zu Vertriebenen machte. Hierher gehört es nun, meinem Schwiegervater, ein Denkmal tiefster Liebe zu setzen. Er war Bäcker von Beruf, aber kein Landwirt, ein Musiker war er mit einer Tenorstimme, die es ihm möglich machte, selbst im hohen Alter noch im Gesangsverein und am Kirchenchor Solopartien zu übernehmen. Mein Schwiegervater war Hornspieler und Trompeter. Trompeter war er auch bei der Feuerwehr. Er konnte hunderte Lieder auswendig, und wenn auch seine Töchter, neun an der Zahl – der erste Stämmling war ein Bub, der starb – zu Schwiegermutters Klavierspiel parieren mussten, Lied und Gesang kam vom Schwiegervater. Und wer singt heute und spielt noch am Kirchenchor und wer würde singen, wenn es noch einen Gesangsverein gäbe: Töchter und Enkel vom Schwiegervater. So schließe dieser Absatz mit einem Dank an Schwiegervater, der Sang und Klang so wunderbar weiterzugeben wusste. (Er wäre heuer 104 Jahre alt.)

Schwiegervaters Vater, Adolf Sosnowicz sen., geboren am 20.4.1832 in Wien II., als Sohn des Lederermeisters Johann Sosnowicz, war auch von Beruf Lederer, und nach der Ehe mit der Witwe Seehofer Bäcker (heute Hackl, früher Degen), pachtete die Pfarrerwirtschaft von Pfarrer Harrer und wurde so auch Bauer. Im Jahre 1883 kaufte er das Haus Nr. 166 von Richter, Sparkassenbuchhalter, war dann selbst Sparkassenbuchhalter, Gemeinderat und nach Leopold Schreiber von 1890-1896 Bürgermeister von Wolkersdorf. Er war Gründer des Gesangsvereines 1872 und war dessen Ehrenmitglied – und gründete das Hausorchester.

*Streichquartett in der Klostergasse mit Adolf Sosnowicz sen. am Cello*

Er spielte im Quintett mit Scharbl aus Münichsthal 1. Geige, Beinhofer 2. Geige, Wudernitz Carl (der Sparkassenwudernitz) Viola, Bodo Klavier und Singer Wilhelm Flöte. Er selbst spielte Cello. Sie waren auch alle Mitglieder des Gesangsvereines. Adolf sen. war in diesem auch 1. Tenor, spielte neben Cello auch 1.Violine und war außerdem Chormeister. Im Quartett spielten Schaluda, Frankl, Wudernitz und Sosnowicz. Im Trio spielte Döllner Klavier. (Daher die Noten am Boden, die ich 1937 fand und mich das Cellospiel erlernen ließen). Sein Bild hängt in der Gemeinde als

Bürgermeister und ist auf allen Gesangsvereinsfotografien zu sehen. Mittelgroß mit Vollbart.

Sein Vater, Sosnowicz Johann, geb. 30.3.1800 in Lowicz in Polen, wanderte nach Wien ein (zur Zeit der Revolution in Polen – also ein Flüchtling, wie ich schon anführte) und heiratete die Katharina Gänger aus Zellerndorf. Er war Lederermeister und wohnte im Haus Nr. 37 (Sosnowiczstöckel), damals gehörte auch noch das heutige Hamböckhaus dazu (Johannesgasse). Die Leute brachten ihm zur Bereitung der Gärberlohe die sogenannten Knobbern, die im heutigen Aicherhaus in der Johannesgasse (damals ein Schüttkasten) getrocknet wurden. Neben diesem Haus wohnten die Gallers bzw. Dorfingers, die Ahnen von meiner Mutter, und dort waren es die Preußen, die Klara Dorfinger, meine Großmutter mit 5 Jahren im Jahre 1866 auf den Schoß nahmen.

Eine der Stiefgeschwister von Schwiegervater, war Therese Seehofer. Sie war eine berühmte Sängerin, lebte von 1846-1936, spielte bei der Uraufführung des „Rheingolds" von Richard Wagner eine der Rheintöchter, sang an den Fürstenhöfen Europas und wie ich aus Theater- und Programmzetteln erfahren konnte, besonders am Hof zu St. Petersburg. Tante Therese musste durch einen Stimmbandschaden die großen Rollen aufgeben und war bis zu ihrem Lebensende Gesangslehrerin in Berlin.

## Erste Ehejahre

Nach diesem Ausflug in die Welt der unmittelbaren Vorfahren, wieder ins Jahr 1936. Frieda hatte nun ihr Leben als Hausfrau umstellen müssen, was ihr glänzend gelang. Von Mutter her als gute Köchin belastet, hatte sie auch einen Kochkurs bei den Lourdesschwestern gemacht. Und so waren unsere Freunde gern bei uns, aber nicht nur wegen guter Speisen, sondern mehr noch um Gedanken auszutauschen. Wie schön waren doch die Abende mit den Krexners, mit Exler, manchmal auch der jeweilige Kaplan mit anwesend. „Es war amol am Abend spot".

Der Juli 1936 brachte ein Abkommen mit dem Deutschen Reich (11.7.), welches das unselige Verhältnis wenigstens etwas auflockern sollte. Aber es war davon nicht viel zu spüren.

Beim Durchzug des olympischen Feuers durch Wien zu den Olympischen Spielen nach Berlin kam es zu beschämenden NS-Ausschreitungen. Wir, die wir an Österreich glaubten, glaubten mit dem Glauben zum Bestande Österreichs beizutragen. Die anderen wussten, dass Hitler das Ganze wollte: Österreich. Aber wir hofften eben viel auf das Ausland. Im August 1936 machten wir einen Wochenendausflug mit einem Autobus nach Budapest. Preis S 25,-. Wir fuhren mittags in Wien ab und kamen abends im beleuchteten Budapest an. Ich weiß noch genau, wie sich Burg, Parlament und die Margareteninsel zauberhaft in der Donau spiegelten. Stadtrundfahrt und was sonst noch alles dazugehört. Ich konnte Frieda schon Verschiedenes durch meine vorjährige Budapestfahrt zeigen.

Leopoldi 1936 war in Klosterneuburg die 800-Jahrfeier (1136-1936). Es war ein schönes Fest mit einer besonders schönen Brucknermesse.

Weihnachten 1936 waren wir zum ersten Mal allein, doch ich will gleich anfügen, dass wir uns sehr viel bei den Schwiegereltern aufhielten. Besonders war der 70. Geburtstag (12.12.1936) von Schwiegervater ein würdiges Fest. Der Gesangsverein gratulierte und sang und wir alle, Kinder, Schwiegerkinder, Enkel steuerten zum Gelingen des Festes bei. Im Winter 1936/37 nahmen wir Hofbauer Peperl, einen Sohn der Schwägerin Therese, zum Mittagstisch. Im Fasching zeigte sich Frieda mit dem umgearbeiteten Hochzeitskleid auf den Bällen und besonders am Sängerball war sie ungekrönte Königin. Am Kirchenchor wuchs sie als Solistin heran und im Turnen war sie auch eine Größe.

Was wollten wir mehr, ja, Urlaub. Wir wollten 1937 auf die Großglocknerhochalpenstraße. Durch Schwager Wolzogen wurden wir auf die Pension Kleinholz bei Kufstein aufmerksam. Wir meldeten uns an.

Am 7.6.1937 ging es ab 5:28 von Wolkersdorf, 7:10 Westbahnhof, 10:10 ab Amstetten bis Bischofshofen. Die Fahrt durch das Gesäuse war herrlich, dagegen das Übernachten in Bischofshofen eine scheußliche Angelegenheit.

8.6. Fahrt ab 6:38 von Bischofshofen bei herrlichem Wetter über Zell am See, Kitzbühel, Wörgl, Kufstein. Sind in Kleinholz wunderbar aufgenommen und schlossen bald Freundschaft mit Frl. Wagner, Herrn und Frau Weber, P. Fritz Weber. Wir besuchten die Stadt, Heldenorgel, Andreas Hoferdenkmal und machten eine Festungspromenade, nachher ins Auracher Löchl essen.

9.6. Thierberg, Längsee, Thierseestraße mit schöner Aussicht und wieder nach Kufstein. Nachmittag im Stimmersee baden und nachher im Batzenhäusl essen. Um 8 Uhr abends auf der Heldenorgel.
10.6. Vormittag in Dux und Duxerköpfl, im Kaisergebirge, nachmittag baden und abends wieder Heldenorgel.
11.6. Vormittag am Hechtssee mit Blick in das gelobte Dritte Reich. Abends in Kufstein und bei Gewitter nach Hause.
12.6. Früh um 1/2 6 auf den Pendling. Erst um 12:30 zurück. Viel Almrausch gefunden und an Mutter welchen gesendet. Nachmittag am Stimmersee baden.
13.6. Sonntag. Messe wie immer bei den Schwestern in Kleinholz, dann Kufstein, Listdenkmal (nicht zu verwechseln mit Franz Liszt), Nachmittag Grenze bei Kiefersfelden und in der Klause.
14.6. 9:10 mit dem Autobus ins Kaisergebirge und Hintersteinersee. 5 Uhr zurück. Wir brachten mit einen Sonnenbrand, der uns sehr zu schaffen machte. An diesem Tag kamen auch Schwager Wolzogen mit seiner Schwester Rosine an.
15.6. Regen. Nicht viel unternommen.
16.6. Abfahrt von Kufstein nach Zell am See. Vor lauter Regen nicht einmal den See gesehen. An eine Auffahrt zum Großglockner war nicht zu denken. Wir fuhren weiter nach Salzburg und machten um 19 Uhr unseren Antrittsbesuch im Augustinerbräu in Mülln.
17.6. und 18.6. in Salzburg verbracht. Das Grab des im Vorjahr verstorbenen unvergesslichen Sängers Richard Mayr auf dem Petersfriedhof besucht. Mayr war der Ochs auf Lechenau aus dem Rosenkavalier.
19.6. Lederhosenkauf, Hut, Janker, Gaisberg und Kapuzinerberg und Abfahrt nach Hause. Um 20:30 wieder in Wolkersdorf.
Wer dachte, dass dies unser letzter Urlaub sein sollte?

Im Herbst 1937 brachten wir von unseren Spaziergängen aus dem Wald Beeren mit, die Frieda ebenso wie Obst vom Garten einkochte. Wir brauchten Vorrat. Denn bald war es offenbar, dass wir im Jahre 1938 nicht mehr allein sein sollten.
Im Jänner 1938 hielten wir unseren Turnerball und beschlossen, zum Verbandsball am 12.2.1938 in die Wiener Hofburg zu fahren. Unter den Teilnehmern waren Emmerich Wizlsperger, Margarete Hofbauer, Josef Stöger, wir zwei und noch etliche

Wolkersdorfer. Obwohl Frieda schwanger, konnte sie noch ihr schönes Ballkleid anlegen.

## Das Jahr 1938

In Wien erfuhren wir, dass Schuschnigg auf den Obersalzberg zu Hitler gefahren sei. Was sollte dies bedeuten? Wenn ich zurückdenke, machten wir uns wenig Sorgen, verbrachten einen schönen Ball und den Rest der Nacht in einem Hotel in der Nähe von St. Peter, Wien I., am Ostbahnhof besuchten wir eine Bahnhofsmesse und fuhren heim. Bald sollten wir hören, was Hitler von Schuschnigg wollte. Umbildung der Regierung, Aufnahme von NS-Leuten, Erlaubnis des Hitlergrußes, Zeigen der Hakenkreuzabzeichen und Fahnen. Hitler hielt am 20.2.1938 einer seiner hysterischen Reden, die auch im österreichischen Rundfunk übertragen wurde. Schuschnigg antwortete am 24.2. in seiner vornehmen Art. Beide Reden habe ich diesen Blättern angefügt und können dort gelesen werden. Nach der Erlaubnis des Hitlergrußes war der erste Mann, den ich mit „Guten Morgen“ begrüßte und der mit „Heil Hitler“ antwortete, Edmund Czapka. Die Zeit war für die Nazis. Im Gasthaus Reich wurde öffentlich auf den Umsturz hingearbeitet. Das Deutschland- und Horst Wessellied wurde ständig gebrüllt. Aus Graz kamen böse Nachrichten. Dort hatten scheinbar die NS schon die öffentliche Macht übernommen. Max Hauser, unser Nachbar (jetzt Möbel Haselböck), Viehhändler und Jude, sagte mir einmal zeitig früh, er fahre nach Graz und sehe sich die Situation an. Was er zurückbrachte war niederschmetternd. Österreich stand vor der Katastrophe. Noch einmal raffte sich österreichischer Geist auf. Schuschnigg hielt am 9.3.1938 in Innsbruck seine bekannte Rede, die mit dem Spruche „Mander, s´ischt Zeit“ ausklang und für 13.3.1938 eine Volksabstimmung in Österreich ankündigte. Wir, die Turnerschaft, arbeiteten fieberhaft mit Flugzetteln und Plakaten: „Ja, zu Österreich“.

Doch die Lage war nicht mehr zu halten. Prager erschien in der Kanzlei mit dem Parteiabzeichen. Sturmscharen und Heimwehr waren alarmiert, doch ohne Erfolg. Schwiegervater und ich saßen immer am Radio und so kam der 11. März mit der Abschiedsrede Schuschniggs und seinem „Gott schütze Österreich“, anschließend zum letzten Mal die Bundeshymne.

Im Radio kamen immer wieder Aufrufe von Innenminister Seyhs-Inquart Ruhe und Ordnung zu bewahren und schließlich jener Augenblick, dass zur Aufrechterhaltung des inneren Friedens in Österreich deutsche Truppen ins Land gerufen wurden. „Finis Austriae". Mein Kommentar zu Frieda: „Hitler bedeutet Krieg". Als ich Vater hinausließ, stand Gaunersdorfer Franz Posten gegenüber bei Mader. Ich wurde also bewacht. Der Duce ließ anlässlich der Besetzung Österreichs Truppen am Brenner aufmarschieren, als Geste für den Führer – und Hitler antwortete mit einem Danktelegramm. Am 12. März hingen schon überall Hakenkreuzfahnen in der Hauptstraße. Am Rathaus bemühte sich Diem ein großes Hitlerbild in die Nische zu stellen, wo früher einmal die „Gerechtigkeit" gestanden haben soll. (Ich habe diese Skulptur nicht mehr gesehen). Dr. Alois Schuster und ich standen gegenüber bei Gössinger in der Einfahrt. Als Diem fertig war, sprach Zwiauer und anschließend der alle Systeme überlebende Bürgermeister Ferdinand Berger, der nur betonte, dass er immer national eingestellt gewesen wäre. Sonst hatte er nichts zu sagen. Dr. Schuster erblickte Rögner aus Obersdorf, der Bezirksführer der VF gewesen war, ging auf ihn zu und sprach ihn an. Sogleich erschien Zwiauer, trennte die beiden barsch und verbat sich jede weitere Unterhaltung. Abends war ein Fackelzug, bei dem besonders wieder Dr. Buchmüller gefeiert wurde.

Eine Eintragung im Sparkassenprotokoll lautet:

„Über Verfügung des politischen Leiters der NSDAP in Wolkersdorf wurde am Samstag, den 12.3.1938 der gesamte Verwaltungsausschuss und die Direktion der Sparkasse Wolkersdorf mit sofortiger Wirksamkeit ihres Amtes enthoben und Dr. Josef Buchmüller als Vertrauensmann der NSDAP in die Sparkasse Wolkersdorf entsendet „Heil Hitler!" Ing. Prager."

Am Donnerstag, den 17.3.1938 konstituierte sich in Beisein und im Einvernehmen des Politischen Leiters der NSDAP Wolkersdorf (es scheint nirgends der Name Zwiauer auf) eine Verwaltungskommission, welche der Aufsichtsbehörde zur Bestätigung vorgelegt wurde wie folgt: „Vors. Dr. Josef Buchmüller, Josef Frummel, Johann Höberth".

Der Sonntag war ein einziger Strom von Fahrzeugen nach Wien, als bekannt wurde, Hitler würde sich persönlich für die Treue der Österreicher bedanken. Wir sahen diesen Zug der Autos vom Haus Sosnowicz und hörten die unendlichen „Heil

Hitler"-Rufe. Inzwischen war eine neue Regierung mit Seyhs-Inquart als Bundeskanzler gebildet worden. Was diese Regierung bedeutet, wussten wir. Hitlers Handlanger vor der Weltöffentlichkeit. Noch ein Wort zu Seyhs-Inquart. Inquart war mit den Leuten um Frau Seyhs in Wolkersdorf, eine streng katholische Frau, verwandt und kam auch aus dem katholischen Lager. Er war damit auch ein Verwandter unseres Generals Waschicek, dessen österreichische Gesinnung außer Zweifel stand, und damit auch mit Bodenstein verwandt.

Hitler hat von Linz aus den Anschluss an das Deutsche Reich bekannt gegeben, mit dem Hinweis, dem Volk baldigst Gelegenheit zu geben, über den Anschluss abzustimmen. Hitler war am 14. März am Heldenplatz in Wien und sprach vor Hunderttausenden. Ich war bei der Gendarmerie. Postenkommandant Pytlik drang immer wieder in mich auszusagen, wer den Artikel in der „Reichspost" verfasst oder dahintergestanden ist. Ich muss hier einfügen, dass im Herbst 1936 eine Notiz in der „Reichspost", der Regierungszeitung erscheint, die besagt, dass es in Wolkersdorf die illegalen Nazi besonders arg treiben, darunter seien auch Leute, die im Staatsamtsdienst stehen. Da der Verdacht auf mich fiel, wurde ich auch gleich vorgeladen und konnte nur immer wieder beteuern, dass ich es war. Auch Zwiauer war immer bei den Verhören dabei, die sich über Tage zogen, Zwiauer war sachlich, aber Pytlick war ein Schwein. Er hatte wahrscheinlich seinerzeit melden müssen, warum unter seinem Kommando in der Gendarmerie in Wolkersdorf die Nazis so frech waren. Ganz einfach, weil er selbst Illegaler war. Mir wurde streng aufgetragen, mit meinen Schwiegereltern und besonders mit meiner Schwägerin Emmy nicht mehr zu verkehren. Von einer Bestrafung wurde nur deshalb abgesehen, weil mein Vater ein angesehener Bürger in Wolkersdorf war und die wahren Drahtzieher und Inspiratoren dieses Reichspostartikels nicht in mir selbst, sondern auswärts zu suchen seien.

Inzwischen waren auch die ersten Truppen in Wolkersdorf eingerückt. Es waren Kradschützen, also eine Aufklärungsabteilung. Alles wurde aufgelöst. Vom Turnverein hatten wir bei Reich zu erscheinen, Wimpel, Kasse, Protokoll usw. abzugeben. Inzwischen wurden auch die ersten Verfügungen über das Vermögen der Juden getroffen. Schmuck und Silber von Dr. Ernst Basch wurde von Zwiauer, Diem und Wenzl jun. in der kleinen Kasse der Sparkasse deponiert, d.h. eingezogen. Es lag in der Luft, dass auch die Konten der Juden beschlagnahmt werden würden. Mein Freund Josef Lande hatte ein kleines Guthaben bei uns in der Sparkasse. Ich hob es ab, schlich mich nachts über die Planke von der Mittelstraße her und brachte ihm das Geld und ließ unterschreiben. Als die Verfügung kam, war für Lande kein Geld mehr da. Lande war getaufter Jude, aber dies zählte nicht viel.

Es ging hoch her. Graz wurde der Ehrenname „Stadt der Volkserhebung“ verliehen, das Bundesheer wurde in die Deutsche Wehrmacht überführt und auf Hitler vereidigt. Sämtliche Oberbonzen kamen nach Wien, Göring, Goebbels, Himmler usw. Was sie wollten, war Österreich auszurauben und vor allem den Goldschatz der Österreichischen Nationalbank wegzuführen. Man durfte nur denken und in innere Opposition gehen. Die Märzveilchen begannen zu sprießen. „Ich war immer national, ich muss auch in die Partei“ hieß es allenthalben. Inwieweit hier eine Auslese gehalten wurde, weiß ich nicht, nur nach dem Kriege, bei der Registrierung, konnte man an der Parteinummernzahl über 6 Millionen die Märzveilchen erkennen.

Die Volksabstimmung wurde für den 10. April 1938 festgesetzt. Aber um es in einem Aufwaschen zu machen, wurden auch die Reichsdeutschen befragt, ob sie mit der Politik des Führers einverstanden seien. Der 9. April wurde zum Tag des Großdeutschen Reiches proklamiert. Eine Propagandawelle überschwemmte das Land, eine Wahlmaschinerie wurde in Gang gesetzt, beide Dinge schon bestens seit fünf Jahren in Deutschland erprobt. Überall hingen Plakate „Dein Ja, dem Führer“, Sogar die österreichischen Bischöfe kamen mit einem Plakat heraus, den Führer zu bejahen. Unterschrift: + Kard. Th. Innitzer.

Innitzer hatte am 14.3. Hitler auch im Hotel „Imperial“ besucht und wurde bei der Ankunft und bei der Abfahrt von der Menge mit entsprechenden Pfuirufen bedacht, wie die Zeitungen hämisch berichteten. War Innitzer, Sudetendeutscher, geboren in Weipert-Neugeschrei, von der Idee des Zusammenschlusses aller Deutschen so fasziniert, dass er diesen Schritt tat? Auf jeden Fall habe ich dann, als ich dem „Führer“ in der Wehrmacht dienen durfte, bei meinen verschiedenen Quartieren in Deutschland, von München-Gladbach bis Öls hören können, dass die deutschen Katholiken mit diesem Schritt nicht einverstanden waren.

Am 10.4. wurde abgestimmt. Es wurde unerhörte Propaganda gemacht, den Stimmzettel öffentlich vor der Wahlkommission anzukreuzen, anzukreuzen bei „Ja“.

In Wolkersdorf hat es nur eine Neinstimme gegeben. Sie soll von Willrader (Kaspar) stammen. Abends bei Ausgabe des Resultates; 99,98 % für Hitler. Beethoven musste im Radio mit seiner 5. Symphonie herhalten.

In der Kanzlei gab es viel Arbeit. Umstellung der Konten auf Reichsmark, Abwertung 3 : 2 (Wehe, wenn einer Abwertung sagte, aber nach 3 Monaten war die Abwertung fix. Was man am 10.3. um 3 Schilling kaufen konnte, war nach drei Monaten um 3 RM zu erlangen. Nicht bei allen Artikeln, aber vielen. Auch erklärlich: Österreichs Ausverkauf war zu Ende und was aus Deutschland eingeführt wurde, musste entsprechend höher bezahlt werden.). Umstellung auf deutsche Gesetze, Umstellung überhaupt des ganzen Betriebes nach deutschem Muster. Bald hörte man hinter der Hand den Spruch: „Seyhs-Inquart, seis in Quint, beschissen sind wir vorn und hint.“ Beamte wurden aufgenommen Aicher Karl, Hager Heinrich; Filialen wurden gegründet. Hausbesuche wurden eingeführt, in den Häusern kassiert, Überweisungen an Ort und Stelle durchgeführt.

Jeder wurde zu einer Parteigliederung gedrängt, um mitzuarbeiten. Ganz gleich, ob am 9.3 noch „Hosianna“ und am 13.3. „duce“ gerufen, jeder musste arbeiten. Über die Parteimitgliedschaft schrieb ich schon, ich blieb ja als vollständig unzuverlässig von allen Sachen ausgeschlossen, bis auf eines: Kassier in dem Viertel Annagasse, Bahnstraße, Alleegasse für die NSV monatlich sammeln zu gehen. NS Volksfürsorge heißt das. Also bobeln gehen. Der 1. Mai wurde mit dem ganzen NS-Aufwand gefeiert. Von den Wolkersdorfer Führern bis zu den Unterläufeln hatte schon alles eine Uniform. SA, SS, NSKK usw. Das war ein Gepränge und ein Gedränge, um ja auch aufzufallen und mit dabei zu sein.

Urlaub? Wir erwarteten für Juni unser Kind. Am 15.6.1938 war es so weit. Als man mich aus der Kanzlei holte, war unsere Traude gerade geboren. Frau Popp leistete Beistand, Johanna Schmatz war Patin.

Die Stellungen zur Wehrmacht kamen auch, ich wurde für tauglich befunden. Wann die Stellung war, weiß ich leider nicht genau, aber es war sehr warm, sodass wir nackt über den Schulhof gehen konnten. (Die Stellung war in der Schule.) Es muss Sommer 1938 gewesen sein.

Wolkersdorf bekam einen neuen Kaplan, Josef Weinand, aus dem Rheinland gebürtig. Bald ging er bei uns aus und ein und war auch Freund meiner Freunde, ehe sie einrücken mussten. Er hatte Bücher, kostbare Möbel, Skulpturen, herrliche Bilder und war berauscht von der Musik. Er hatte Schallplatten, darunter auch Beethovens 5. So gab es zum Ausklang bei seinen Abenden im Pfarrhof immer Musik. Nur eines gefiel mir nicht. Er hatte Hitlers „Mein Kampf" und auf der ersten Seite stand groß: „Heil Hitler, 13.3.1938, Josef Weinand". Wie weit sein Feuer für die NS echt war, weiß ich nicht, doch nach dem Oktober 1938 war auch er bekehrt, wenn er überhaupt jemals Hitler ernst genommen hatte. Er richtete auch unser Wohnzimmer neu ein, arrangierte die Bücher anders, schleppte eine alte Wiege herbei, einen Bauernkasten und eine Stehuhr, eine Nachbildung der Madonna vom Naumburger Dom, eine Beethovenmaske. Und es gab dabei keine Widerrede. Frieda war die Frau Ezza und ich das Böbblein.

Mach etwas. An schönen Sommertagen fuhr ich schon mit Gertraud in den Wald und sie beobachtete die sich bewegenden Blätter. Schön war es. Doch politisch war die Lage wieder aufs äußerste gespannt. Hitler provozierte in der CSR. Zwischenfälle, die von seinem Ableger Henlein, dem Führer der Sudetendeutschen Partei, richtig ausgeschlachtet wurden. Wieder einmal war deutsches Volk unterdrückt, wieder einmal musste Freiheit gebracht werden.

Der 25. Juli 1938 war eine Verherrlichung der Dollfußmörder. Im Rathauseingang wurde eine Hitlerbüste aufgestellt und eine Liste der Hingerichteten des Juliputsches 1934. Alle Formationen der Partei zogen vorbei u.a. auch der Kriegerverein – jetzt Kyffhäuserbund – mit dem ehemaligen Vizebürgermeister Weiss Ferdinand an der Spitze, der stramm dem Gipshitler die Ehrenbezeugung erwies. Warum tat Weiss dies? Ich machte ja auch nicht mit.

Ende August 1938 regnete es ununterbrochen und am 1.9.1938 hatten wir das schönste Hochwasser. Ich war morgens auf der Wiese und sah das beängstigende Steigen des Rußbaches. Ich alarmierte die Gemeinde (Bürgermeister war Rudolf Wizlsperger, Zuckerbäcker, geworden) und schilderte die Lage. Es wurde sofort veranlasst, dass am Schutzdamm zwischen Ulrichskirchnerstraße und dem Rußbach Sandsäcke aufgelegt wurden. Der linke Bachdamm Richtung Ulrichskirchen wurde durchstochen, sodass das Wasser als riesiger See bis Ulrichskirchen stand. Der Wasserstand war bei uns hinten so hoch, dass das Wasser durch die Wasserausläufe zurückfloss und in unsere Gärten eindrang. Auf jeden Fall zog Frieda und Traude zu den Schwiegereltern und ich wartete auf die Überschwemmung, die Gott sei Dank nicht kam.

Im ganzen September war akute Kriegsgefahr, ausgelöst durch die Sudetenkrise. Erst durch die Konferenz in München am 29. September war die Gefahr gebannt. Neuerlicher Durchzug von Truppen zur Besetzung der sudetendeutschen Gebiete und Einquartierung (Erich Brauer). 1.10. Eingliederung der Randgebiete der CSR an das Großdeutsche Reich, Südmähren an Niederösterreich, pardon Niederdonau. Österreich hatte zu bestehen aufgehört. Ja selbst das Wort Ostmark war verpönt. Wir waren zu Alpen- und Donaugauen degradiert.

Am 7.10.1938 trug sich etwas zu, was nicht möglich erschien und die Besatzer zu äußerstem Wutausbruch hinriss. Die katholische Jugend Wiens, längst jeder Bindung in Bünden und Vereinen beraubt, rief von Mund zu Mund zu einer Abendandacht in St. Stefan auf. Und was niemand erwartete, zu Tausenden kamen die Jugendlichen, um ein religiöses Bekenntnis abzulegen und dann geschah es: sie, Tausende, riefen anschließend vor dem erzbischöflichen Palais nach dem Kardinal und brachten ihm eine rauschende Ovation dar. Die Strafe folgte auf dem Fuß. Am 8.10. stürmte die HJ das Erzbischöfliche Palais, schlug alles krumm und klein, der Kardinal rettete sich durch einen Hinterausgang, ein Priester, der ihn beschützen wollte, wurde durch ein Fenster auf die Straße geworfen und schwer verletzt. Ob Innitzer jetzt auch noch „Heil Hitler“ unter den Wahlaufruf vom März geschrieben hätte? Am 13.10. rechnete der ewig betrunkene Gauleiter Bürckel auf dem Heldenplatz in einer Riesenkundgebung mit den schwarzen Dunkelmännern ab.

8.11. Erdbeben (Notiz aus 1938): Ich bin unvermutet um 3 Uhr früh aufgewacht und hatte ein unheimliches Bangen in mir. Ich spürte irgendetwas nahen, dachte aber nur an eine Feuersbrunst. Ich schlief wieder ein und hatte einen Katastrophentraum. Über die Hofgartenstraße kam Wasser herab. Am Morgen erfuhr ich, dass kurz nach 3 Uhr ein leichtes Erdbeben unsere Gegend erschütterte.

Traude hat gute Fortschritte gemacht. Mitte Oktober hat sie das erste Mal Spielzeug genommen.
Am Hl. Abend staunte sie den Christbaum an und freute sich unbändig. Am 28.12.1938 stellt sie sich im Wagen auf und Frieda muss sich um ein entsprechendes Lederzeug zum Befestigen des kleinen Knirpses umsehen. Am Fest der Hl. Familie 1939 der 1. Zahn, am 20.1. der 2. Zahn und am 3.3.1939 hat Trauderl bereits 6 Zähne.

*Frieda (links) mit Traude in der Kaiser Josef Straße*

Im November 1938 bekam ich die Einberufung zur Wehrmacht. Termin 8.1.1939. Da Prager ohne mich die Bilanz nicht fertigstellen konnte, wurde um Aufschub angesucht und ein solcher von 3 Monaten gewährt.
Am 15.11.1938 war ein Brand in Obersdorf. Am 6.12. stellen wir die vier Bauernsessel auf, die Kubicek gemacht hatte.

So kam das Schicksalsjahr 1939. Es begann gut, denn ich fand am 4.2. einen gut erhalten Mastodon-Atlasknochen in der Sandgrube bei der Rochuskapelle. Wenn es das Wetter erlaubt, ist Traude schon unterwegs, auch wenn es kalt ist. Ich mache Spaziergänge – die Partei ließ mich in Ruhe, ich hatte meine Einberufung für den 8.5. in der Tasche – und mir fällt allerhand ein.
Sonate op.31 d-moll von L. v. Beethoven. (Im Riedenthalerwald) 26.2.

*Gott sprach zu ihm, du singe und als er sang, waren die Dinge*
*schon weit aus seinem Angesicht.*
*Denn dies ist nicht der Wald und nicht die Frühe*

*und nicht das Leid und nicht die Mühe*
*sondern der Urwind und das erste Licht.*
*Wer wusste aber, dass nach dem ungestümen*
*Emporgesang, das reine Lied sich bahnte?*
*Vielleicht die blasse Rose, die im Rühmen*
*des Vorgesangs die große Stille ahnte.*

5.3. Schneeglöckchen blühen, an sonngewohnten Plätzen gelbt der Dirndelstrauch.

Dem Unsagbaren. (Kronbergertor) 5.3.

*Du sollest Stab sein mir und Krücke,*
*streck deine Hand und krümme sie zur Brücke*
*damit ich sicher wandelnd geh.*
*Und nimm von mir die tiefe dunkle Schwere*
*des Ichs und fülle du die Enge meiner Leere*
*dass ich dich immer näher seh.*

## Einrücken in die Wehrmacht

Im Februar 1939 ist Papst Pius XI. gestorben, sein Nachfolger ist Pius der XII.

Die Zeitungen und das Radio bringen immer wieder Greuelmärchen, diesmal werden die Slowaken von den Tschechen gepeinigt. Auf Betreiben Hitlers macht sich die Slowakei selbständig. Diesmal machte es den Nationalsozialisten gar nichts aus, dass sie mit katholischen Priestern zusammenarbeiten mussten, denn die Führer der Slowaken waren Hlinka und Tiso, beides wie gesagt katholische Priester.

Wieder sehr gespannte Lage. Was geschieht mit der Resttschechei? Hitler errichtet das Protektorat Böhmen und Mähren. Nacht vom 14. auf 15.3. Die ganze Nacht rollt die Wehrmacht gegen die Grenze. Um 6:45 verkündet das Radio, dass der Sender Brünn eben verlautbarte, dass in Brünn die deutschen Truppen erwartet werden. Staatspräsident Hacha hat Böhmen und Mähren unter den Schutz Adolf Hitlers gestellt. Wie solchen Bitten um Unterschutzstellung Nachdruck verliehen wird, ahnten wir damals, heute im Jahre 1970 wissen wir es.

Hitler ist auf jeden Fall auf der Prager Burg.

Der 15. März 1939 war ein frostiger Tag mit Glatteis und bei Brückl in der Wienerstraße fällt ein Wehrmachtsfahrzeug in den Straßengraben.

Wie ein Trost kam in diesen düsteren Tagen – von den anderen als große Zeit verkündet – ein Buch zu mir, von Herrn Rebensteiner geschenkt. „Lucidarium in Arte Musicae“ von Theodor Däubler. Däubler, ein expressionistischer Dichter, lässt hier die Musik wie einen Aufruhr zum Himmel lohen: Schluchzend und jubelnd wird Musik wie ungeheures Feuer emporsymphonisiert. Tristan und Isolde lässt er im Schatten verlorengegangener Kometen lieben. Ein Buch für mich und in diese Zeit gestellt als Gegenpol der „großen“ Zeit.

22.3.1939. Eine Sondermeldung des deutschen Rundfunks besagt, dass Litauen das Memelgebiet freiwillig zurückgegeben habe. Der kleine Mann fragt sich, ob nun Ruhe wird in Europa.

*Richard, Traude und Frieda*

1.5.1939: Übliche Maifeier der Nazis. Sämtliche Gliederungen nahmen teil. Nur ich fahre mit Frieda und Traude (im Wagen) im Schlossdreieck spazieren. Da stellt mich Czapka, warum ich nicht mitmache. Ich sage ihm, dass dies mein letzter freier Tag vor der Einrückung sei. Er spricht etwas von einer Anzeige. Nichts geschieht.

**Einrücken**

Am 8.5.1939 war ich der Bewegung entzogen und stand im Hof der Trost(Ferdinand)kaserne im 10. Bezirk. Wir waren eine Luftnachrichteneinheit, bestehend aus je einer Funk-, Fernsprech- und Fernschreibkompanie. Jede Kompanie hatte 5 Züge. Jeder Zug 5 Korporalschaften. Ich kam zur Fernschreibkompanie. Chef der ganzen Einheit war Regimentskommandeur Hauptmann (bald Major) Vespermann. Unser Kompaniechef Lt. Westphahl. In der Fernschreibkompanie war ich der 5. Korporalschaft zugeteilt. Ausbildner Uffz. Preuss, beigegeben Uffz. Anwärter Punker Grna, (jetzt Grünner) aus Stockerau, der den Dienst in der Wehrmacht einschlagen wollte. Spieß war Hauptfeldwebel Weiler.

Bald lernte man sich kennen. So war ein gewisser Mück im selben Zug. Es war ein Bruder unseres Hauptschullehrers Mück. Dann war da ein gewisser Bursik, der nach ein paar Tagen schon gestand, dass er aus dem katholischem Lager käme und absolut kein Nazi sei. Da gab es einen Jonasch, Lehrer aus Kirchberg am Wagram. Er sei Nazi, doch nur aus Trotz, und in tiefster Seele sei er Sozialdemokrat. Nach kurzer Zeit lernte ich Hans Hörler kennen, ein Lehrer und Lyriker. Dann war da ein gewisser Maschkan, Liederinterpret und Lehrer, er beherrschte nicht nur das Wienerlied, sondern auch das klassische Repertoire. Doch im Drill des Exerzierens, Marschierens, Unterricht am Fernschreiber, Offiziers- und Unteroffiziersunterricht blieb für schöngeistiges Tun nicht viel übrig. Bei schönem Wetter zogen wir hinaus auf den Laaerberg, beim Marsch immer ein Lied zwo, drei, vier auf den Lippen. Tauchte irgendwo in der Morgenfrühe ein weibliches Wesen auf, wurde auf unsere Art gegrüßt:

Der Unteroffizier „Die ganze Truppe“

Die Kompanie: „Morgen Puppe“

Dieser Gruß löste meist ein leises Erröten der Schönen aus und in der Truppe ein Abwägen der Vor- und Nachteile ihrer Gestalt.

Scharfschießen fuhren wir nach Kagran. Ausgang gab es nur bei entsprechender Führung oder Bestechung des Uffz.

Am 28.5. war Vereidigung. Es war ein Tag des Besuches von draußen (heute sagt man der offenen Tür). Frieda kam nicht. Ich weiß nur mehr den Anfang des Schwures, abgelegt auf was weiß ich auch nicht mehr. Auf jeden Fall standen wir zu viert und brüllten: „Ich schwöre bei Gott diesen heiligen Eid, dass ich dem Führer und Reichskanzler..........“

Dann gab es den ersten Heimaturlaub. Es war Pfingsten 1939. Der erste Urlaub sollte mich gleich schwer treffen. Traude hatte zum ersten Mal Fraisen und Frieda und ich waren ganz verzweifelt. In welcher Stimmung musste ich abfahren und am nächsten Tag wieder Dienst tun in der Kaserne. Doch baldigst kam Nachricht von Frieda, dass Traude wieder gesund sei. Jetzt wussten wir, Fieber, welches rasch ansteigt, führt zum Anfall. Frieda wird wissen, wie viele Jahre Traude Anfälle hatte und ertragen musste.

Zur Sonnenwende 1939 war Bergfest. Wir hatten die halbe Dienstzeit hinter uns. Gefeiert wurde im 3. Bezirk, Schwechaterhof. Doch ich glaubte nicht an eine halbe Dienstzeit und habe es Frieda auch immer gesagt. Die Weltlage war wieder äußerst kritisch. Selbstverständlich wussten wir nur, was in Deutschland vorging und dies war genug. Hitler duldete nicht mehr die Unterdrückung der Deutschen in Polen und das Problem Danzig musste gelöst werden. Wieder einmal so oder so. Das zweite so hieß Krieg. Was ich in der Nacht zum 12.3.1938 voraussagte, sollte sich erfüllen: Hitler bedeutet Krieg. Am 5.8.1939 war unsere Dienstzeit zu Ende. Ein Appell in der Kaserne belehrte uns, dass uns der „Führer" noch braucht und wir zu einer Übung weiterhin eingezogen bleiben. Die Übung sah folgend aus:
Urlaubssperre war das erste.
Aufstellung einer einsatzfähigen Luftnachrichteneinheit. Name: LNA Luftnachrichtenabteilung (H) Heer, (mot) motorisiert, 9.
Ich wurde zum Stab kommandiert, Gruppe Verwaltung. Mit Preuss, Mück, Jonasch und Riedl. Die Vorgesetzten waren Insp. Krause und Neumann. Um den 15.8. begann sich der Kasernenhof mit requirierten Lastwagen, Personenwagen, Autobussen, Kraftfahrrädern zu füllen. Die einzelnen Kompanien nahmen Formen an. Die einzelnen Kompaniestäbe wurden gebildet, Offiziere aus dem 1. Weltkrieg zugeteilt, eine Gerätekolonne aufgestellt usw. Am 18.8.1939 machte mir Insp. Krause, dem ich zugeteilt wurde, Mitteilung, dass es seine und meine Aufgabe sei, im Übungsgebiet irgendwo an der polnischen Grenze Quartier für die Abteilung zu machen.

So fuhren wir am 19.8. um 5 Uhr früh von Wien weg und jetzt kommt ein Erlebnis. Wir fuhren durch Wolkersdorf. Krause erlaubte mir Frieda zu besuchen. Ich habe den Torschlüssel in der Tasche – es ist 1/2 6 Uhr früh – Frieda kommt mir entgegen. Traude schläft noch. Was los ist? Ich weiß als Trost zu sagen, dass es auf eine Übung geht und ich in 2 bis 3 Wochen wieder in Wien bin. Was ich denke ist Krieg. Doch darf ich es nicht sagen. GKdos. Geheime Kommandosache. Wir fahren über Lundenburg, Hodonin, Neutitschein bis Fulnek. Ankunft um 1/2 1 Uhr mittags. Es wurde Quartier gemacht: Für die Kompanien in Schulen und Turnsälen und für den Stab in der Villa Hamburger am Kapuzinerberg. In Fulnek war die Bevölkerung durchwegs deutsch und wir wurden von der Stadtverwaltung vortrefflich unterstützt. Um Strohzufuhr brauchte ich mich nicht zu kümmern. Am späten Nachmittag gönnte ich mir ein Bier und arbeitete dann weiter im Stadtamt bis 10 Uhr. Dann auf in mein Quartier. Nun stand ich allein in dieser Riesenvilla, deren 1. Stock die Gruppe Verwaltung belegt hatte. Kein Tisch, kein Sessel, nur Strohbelag. Ich stapfte in eine Ecke, breitete meine Zeltbahn aus, kauerte mich hin und schrieb meinen ersten Brief von der Übung an meine Frau. Hätte ich gewusst, dass zu ebener Erde eine Polin wohnt, hätte ich bestimmt nicht so gut geschlafen. Nachts kamen auch noch Insp. Neumann, Jonasch und der Fahrer Schuster. Morgens weckte mich die Glocke vom Kapuzinerkloster nebenan. Nun erst konnte ich mich so richtig umsehen. Hintenaus war ein Garten, ja ein Park, voraus eine Auffahrt durch hohe Buchen – es war eine beschlagnahmte Judenvilla, daher „Hamburger" – und, da wir erhöht lagen, lag das Städtchen unter uns und gegenüber am Berg ein mächtiges Schloss. Ich musste unwillkürlich an Eichendorffs „Leben eines Taugenichts" denken, so romantisch wirkte das Bild. Der Sonntag verging mit Arbeit und abends um 9 Uhr – es war natürlich schon finster – kamen die Kompanien aus Wien. Mit Zuweisung der Quartiere an Offiziere und Mannschaften wurde es wieder spät, doch heute war schon Leben im Stabsquartier. Der erste Stock war voll belegt und wir schnarchten bis 5 Uhr früh brüderlich vereint. Die nächsten Tage konnte ich das Städtchen Fulnek ansehen, mir ein Wirtshaus aussuchen. Ein schöner, großer Marktplatz mit barocken Häusern und in einem war das „Fuchsenloch". Dort gab es gutes Essen und Bier um 20 Pfennig.

Übertags war nicht viel Arbeit, doch nachts war entweder Wache zu schieben oder Schreiber vom Dienst zu machen. Am 25.8. bekamen wir die Erkennungsmarken und diverse Impfungen. Wer jetzt noch nicht an Krieg glaubte, gehörte in ein Irrenhaus. Und solche Irrenhäusler gab es immer noch. Ein grotesker Zwischenfall: 23.8. Uffz. Teubner von der Funkkompanie verbreitete die Nachricht, Hitler-deutschland und Sowjetrussland haben einen Nichtangriffspakt abgeschlossen. Allgemein ungläubiges Lächeln, ja Major Vespermann sperrte ihn wegen Gerüchte-macherei ein. Teubner muss wohl den Funkspruch übernommen und nicht geheim gehalten haben, denn kurze Zeit darauf konnte jeder im Radio hören, was Teubner voreilig ausplauderte. Er brauchte auch nicht eingesperrt zu werden. Dann gingen die Gerüchte weiter: Polen ist dadurch gezwungen, die von Hitler geforderten Gebiete und Danzig kampflos an Deutschland zu übergeben. Russland und Deutschland teilen mit Zustimmung Polens das polnische Staatsgebiet, gewähren den Bewohnern Autonomie und erhalten so den Frieden in Europa. Davon war aber keine Rede. Hitler ist es wieder gelungen, Frankreich und England – hieß es – zu täuschen und Deutschlands Grenze ohne Kampf weiter nach Osten vorzutragen. Dass dem nicht so war, ergab sich aus dem allgemeinen Alarmzustand ab 31.8.1939. Jeder musste die Gasmaske überall herumschleppen, alles feldmarschmäßig gepackt haben und die Unterkunft durfte nicht mehr verlassen werden.

## Zweiter Teil

»Die Außenpolitik der nationalsozialistischen Bewegung, die „immer eine Raumpolitik sein" und Deutschlands Weltmachtstellung „auf Jahrhunderte", ja für immer sichern werde, rechtfertige dagegen den Krieg.«
Jahre vor der Machtübernahme hat Hitler diktiert, dass er sich nicht scheuen werde, dereinst die Verantwortung für einen seinem Ziel geltenden „Bluteinsatz" zu übernehmen. Die Verwirklichung seines Programms werde die „verantwortlichen Staatsmänner" freisprechen von Blutschuld und Volksopferung.
(Aus Hermann Graml „Europa zwischen den Kriegen" und „Völkischer Beobachter" vom 25.8.1928 und „Mein Kampf" 143, 149 und 732.)

### Kriegsbeginn 1.9.1939

Am 1.9.1939 war es soweit. Die Verantwortung für den „Bluteinsatz" begann. Im Morgengrauen donnerten die „Stuka" und sonstigen Kampfflieger über uns hinweg in Richtung polnische Grenze. Später kam aus dem Radio Hitlers Rede vor dem Reichstag mit dem Satz „Seit 5:45 wird zurückgeschossen".
Wir, die wir als Verbindungstruppe Heer-Luftwaffe der höchsten Kommandostelle dieses Abschnittes, dem AOK 14 (Generaloberst List), angehörten, brachen erst am 5. September auf, als die Bodentruppen schon weit im polnischen Gebiet standen. Durch den „Protektoratszipfel" Friedek-Mistek gingen wir vor Teschen über die polnische Grenze. Teschen war reich beflaggt. Die gesprengten Brücken waren wieder befahrbar, kamen bei Skotschau über die Weichsel und über die Bunkerlinie zu unserem Tagesziel: Bielitz. In Bielitz wurden wir begeistert empfangen. Belegte Brötchen und Getränke bekamen wir auf der Straße angeboten. Die Stadt war beflaggt und die Straßen bereits vom Unrat des Krieges gesäubert. Riedl Karli hatte im Deutschen Gymnasium Quartier bereitet. Dort hatte bis vor Tagen noch polnisches Militär gelegen und die Räume waren auch dementsprechend unsauber. Nachts auf Posten war die erste „Feindberührung". Von Dächern und Bäumen herab wurden jede Nacht noch Soldaten erschossen. In der Stadt war ein Verkehrstunnel von den Polen gesprengt worden und manche Straßen waren weit aufgerissen. Die Polen erhofften, wie wir erfuhren, eine Zerstörung der ganzen Stadt. In Autos oder Kolonnen zu Fuß kamen ununterbrochen gefangene Polen aus der Umgebung,

besonders aus den südlichen Ausläufern der Beskiden, die dicht mit Wald bestanden und guten Unterschlupf boten. Am 7.9. ging es weiter. Die erste Überraschung waren hinter Biala die völlig ungepflegten holprigen Straßen. So schön das rechte Landschaftsbild, die Beskiden, waren, der Staub nahm jede Freude. Es ging nach Galizien hinein. Bekannte Ortsnamen konnte ich sehen, die schon mein Vater in seinen Kriegserzählungen erwähnte, so auch Oswiecim (das später so berüchtigte Auschwitz). Hinter Wadowice trat der Wald ganz zurück. Nur mehr schwach hügeliges Land, Kilometer weithin mit Staub bedeckt, an marschierenden, fahrenden und reitenden Kolonnen fuhren wir vorbei über Gdow nach Bochnia. In Bochnia bezogen wir eine geräumige jüdische Villa und lagen ganz gut auf dem Stroh. Es gab ein Radio in der Küche, die Jonasch und ich bewohnten, und hier erst hörten wir von der Kriegserklärung Englands und Frankreichs an Deutschland. Hier konnten wir uns auch wieder richtig reinigen. Von einer kriegerischen Tätigkeit sahen wir nichts. Merkwürdig, in diesen rein polnischen Gebieten war nächtens vollkommene Ruhe. Hätten wir gewusst, dass hier das letzte Bier und der letzte Schnaps zu kaufen war, hätten wir wahrscheinlich ein Lager angelegt. Am 10. ging es weiter. Doch in Bochnia erreichte mich noch die erste Post von daheim und auch ein Buch und Brief von Herrn Rebensteiner. Ich selbst schrieb auch jeden Tag nach Hause.

Bevor wir abfuhren, machte Inspektor Krause und ich noch eine Fahrt nach Krakau. Durch das ebene, ab und zu mit Wäldchen bestandene Land ging es über Wieliczka dorthin. Ich sah die alten österreichischen Befestigungen, von denen mir mein Schwiegervater erzählte, der vor mehr als 50 Jahren hier war, und die ganze Stadt selbst zeigte noch den österreichischen Einschlag. Reine Straßen und Häuser, schöne Grünanlagen, breite Kaffeehäuser, wo eben in den Vorgärten Offiziere und Mannschaften des österreichischen Teiles der deutschen Wehrmacht Kaffee oder andere Erfrischungen nahmen – wie vor dem Weltkrieg und so, als ob gar nicht Krieg wäre. Ich versuchte vergeblich in die Marienkirche zu gelangen, um den berühmten „Veit Stoß“ zu sehen. Durch die Tuchhallen am Platz ging ich und mit dem Auto umrundeten wir den Wawel.

Weiter nach Osten. Das Bild blieb gleich. Kriegszerstörte Orte, einzelne Bauernhöfe, der Vormarsch und der ewige Flüchtlingsstrom. Einer trug sein Bündel am Rücken, der andere hatte noch ein Fahrrad. Zweirädrige Karren, alte Leute, Kinder,

Mütter, ein ganzes Land schien auf der Flucht. Tarnow ist mir noch als eine auf einem Hügel erbaute Stadt in guter Erinnerung. Prall lag die Sonne auf den Häusern und gegen Ende der Stadt nahm diese ganz östlichen Charakter an. Staub, Hitze, alte Kaftanjuden, das grelle Sonnenlicht auf den weißen Hütten und Häusern. Ich wusste, nun bin ich schon weit von der Heimat weg. Eigentlich gar nichts gegen die späteren Entfernungen. Nicht lange und die Gegend wurde anders. Feuchte Gründe links und rechts der Straße, Waldbestände und über allem lag eine unendliche Traurigkeit. Ich weiß nicht, wieso ich dies so empfand. Selten ein Dorf oder Haus, und wenn, dann zerschossen und zerstört. Nach vieler Mühe fanden wir in Rzeszow Quartier. Auf den Wegweisern stand 161 km nach Lemberg. Also noch ein weiter Weg vor uns. Die Straßen waren schlechter geworden und schließlich fürchteten wir nur noch Feldwege vorzufinden. Aber es sollte anders kommen. In Rzeszow war nicht viel zerstört. Das Quartier war in einem Stockhaus, das einem gewissen Kucharsky gehörte. Wir, Mück, Jonasch, Riedl und ich lagen im dritten Stock. In einem Zimmer schliefen wir, in einem wurde gearbeitet und die Küche wurde zur Küche. Hier bekam ich wieder Post von daheim und auch ein paar Bildchen von Traude. Arbeit war manchmal viel, manchmal wenig. Wache brauchten wir keine zu schieben, so dass das fast bequeme Leben verschiedene häusliche Annehmlichkeiten weckte. So z.B. ein anderes Essen als aus der Feldküche. Mück bewährte sich auch bald als Koch, Gänse wurden herbeigeschafft (3 Zloty das Stück) und anderes Federvieh, und bald glich der Hof unseres Quartiers einer kleinen Farm. Polen wurde zerschlagen. Wir rückten nicht mehr weiter nach Osten, obwohl schon unser nächster Standort, Rawa Ruska, feststand. Der lag aber bereits im russischen Interessengebiet. Jetzt traten die Abmachungen vom vorigen Monat in Kraft, die in Moskau zwischen den Nazis und den Sowjets ausgehandelt wurden. Die Russen marschierten vom Osten her in Polen ein und damit war Polen von der Landkarte verschwunden. Es wurde kühl und wir rückten nachts eng zusammen. Täglich erwarteten wir sehnsuchtsvollst den Befehl zur Rückverlegung, denn dies eine wussten wir, dass wir nicht Besatzungstruppe waren. Endlich am 2. Oktober kam dieser.

Am 5.10. abrücken nach Wien. Die Freude währte nur kurze Zeit, der Befehl wurde widerrufen. Gott sei Dank funktionierte die Post und ich bekam täglich Nachrichten aus der Heimat. Am 9.10. ging es aber tatsächlich von Rzeszow ab.

Ich war Vorkommando und fuhr mit Insp. Krause und Fahrer Kraushofer um 4 Uhr früh ab. Als der Morgen graute, waren wir schon in Tarnow. Bochnia kurze Haltezeit. Regen, Regen und es wurde kälter und als wir in die Berge bei Andrychow kamen, lag schon Schnee und es schneite fort. Es war ganz weihnachtlich. In Bielitz regnete es wieder. Quartier bezogen wir wie beim Vormarsch im Gymnasium. Der Schulwart bewirtete uns mit heißem Tee. Mittagessen nahmen wir in einem Gasthaus. Wieder Teller und Besteck. Wir übernachteten und fuhren am Morgen des 10. Oktober weiter. Die Beskiden waren wieder im Schnee. Weiter über Friedek-Mistek, Neutitschein und um 1/2 1 Uhr in Fulnek. Etliche Rechnungen werden beglichen. Weiter über Troppau, der Winter war vorbei, und es ging weiter durch die wunderschöne Gegend des Gesenkes, mit den herbstlichen Wäldern, grün das Land. In Serpentinen geht es hinab und zu Füßen liegt Olmütz. Hier gibt es gutes Pilsner Bier. Von der Stadt sehe ich nicht viel, es ist bereits dunkel und Verdunklung dazu, also nur Finsternis. Am 11.10. weiter über Wischau (hier habe ich noch Kakao eingekauft), Brünn, Grenze, Zollkontrolle (welche Augenauswischerei) und wir waren im niederösterreichischen Land. Es ist Weinlese. Manche Leute bewundern unser Auto, das verschiedene Aufschriften trug. Z.B. „heim zu Mutti", „heim zu Frieda". Immer bekannter wird die Gegend, der Hochleitenwald zur Linken, der Gerichtsberg, hinab ins Tal des Rußbaches, Heimat – Wolkersdorf. Wir halten bei meinen Schwiegereltern und ... Frieda kommt mit Traude am Arm bei Eckensperger heraus und wir liegen uns in den Armen.

Eine glückliche Stunde an diesem 11. Oktober 1939, dann weiter nach Wien. Diese Zeilen schreibe ich aus meinen Kriegstagebuch ab, welches ich am 1.9.1939 angefangen habe, und heute, es ist der 7. Oktober 1970, steht alles noch vor meinem geistigen Auge, alles tritt wieder ganz frisch aus der Erinnerung hervor, als hätte ich alles dies erst gestern erlebt. In Wien-Auhof beziehen wir neues Quartier. Natürlich wird noch abends ausgegangen und der Tag ziemlich feucht beendet. Am Freitag bekomme ich Urlaub bis Montag und ich bin am Namenstag der lieben Schwiegermutter in der Heimat. Noch ist es mir ein paarmal gegönnt über Nacht nach Hause zu fahren. Damit war der Polenfeldzug, die Ouvertüre des Krieges für mich abgeschlossen.

## Nach Westen

Was wartet auf uns? Bekommen wir noch einmal Urlaub, bevor es nach dem Westen geht? Schon ist es auch schon entschieden: Am 20.10. geht es per Bahn ab nach Westfalen. Mück erkrankte und blieb in Wien. Frieda kommt zum Bahnhof Penzing. Doch wir müssen warten auf die Abfahrt. Erst um 8 Uhr abends geht es aus den Bahnhof, Frieda ist längst schon wieder fort. Unendlich langsam rollt der Zug durch die Nacht. Unsere Fahrzeuge, all unser Gerät ist auf offenen Waggon verladen.

Für Offiziere und Mannschaft sind ein paar Personenwagen angehängt. Wir fahren noch durch die österreichische Nacht in zweierlei Bedeutung. Um 5 Uhr früh sind wir in Linz. Weiter Passau, Regensburg, die Wälder der Oberpfalz leuchten im herbstlichen Gold. Nach Würzburg fällt wieder die Nacht herein. In Geminden am Main lösche ich meinen Durst mit einem Glas Würzburger Bieres. Ich lehne in einer Ecke des Waggons und versuche zu schlafen. Aber den Schlaf verscheuchen die Gedanken an die Zukunft. Was wird weiter werden? Wann werde ich wieder meine Lieben in der Heimat sehen? Was soll der ganze Krieg?

Als der Morgen graute am 22.10., fuhren wir durch Bielefeld. Um 1/2 9 Uhr waren wir in Gütersloh, das Quartier ist eine schöne, neue moderne Kaserne. Jonasch, Riedl und ich beziehen ein Zimmer mit Zentralheizung. Es ist nachts schon empfindlich kühl und die Wärme tut wohl. Morgens hängt der Reif vor den Fenstern.

Dass dieses Quartier nur vorübergehend ist, werden wir bald wissen. Wir nützen die Tage, besuchen das reine und so bezaubernd gestaltete Städtchen, trinken Dortmunder Bier. Immer wieder entzückt das Land, Ebene, Weide, Wiesen, alte Bauernhöfe, lange Pappelalleen, Bäche, der Nebel früh, es müsste hier gut träumen sein in dieser Weite. Schon am 31.10.1939 fahren wir ab nach dem Niederrhein, es geht nach München-Gladbach (jetzt heißt es Mönchen-Gladbach). Es geht nachts durch das Ruhrgebiet, hell leuchten manchmal die Feuer der Hochöfen, die Luft ist mit Rauch geschwängert. Stadt auf Stadt, Fabrik neben Fabrik. Wir machen die Strecke im Landmarsch – also nicht per Bahn. Ich friere im PKW und ziehe die Decke über die Knie. Ich schlafe. Um 1/2 4 Uhr früh weckt mich das Holpern des Wagens auf dem Granitpflaster einer Stadt, M. Gladbach, unser neuer Standort. Unser vorläufiges Quartier ist eine Kegelbahn im Kolpinghaus. Es ist kalt. Wir sind noch verwöhnt. Am Allerheiligentage richten wir unser Stabsquartier in der Straße der SA

Nr. 62 (früher und jetzt wieder Kaiserstraße) ein. Die Kameraden suchen Privatquartier, ich will vorläufig auf einem Feldbett in unserem Geschäftszimmer der Gruppe IVa schlafen. Wir gehören jetzt zum Flakkorps II, Generalleutnant Dessloch. Unsere Fahrzeuge bekommen als Kennzeichen das Eichenlaub aufgepinselt. Bald bekomme ich heraus, dass auch Walter Krexner zu diesem Korps gehört. Rasch ist Kontakt mit den Rheinländern, die ein etwas verwandtes Gehabe und Denken und Sinnen mit uns Österreichern haben, gefunden. Mück entdeckt bald – er ist inzwischen gesund zurückgekommen – ein gutes Gasthaus. Mich ziehen das romanische Münster und die gotische Pfarrkirche an. Nun habe ich die herrlichen Kirchen vor Augen, von denen Jupp Weinand immer erzählt hat. Jonasch und ich besuchen die Lersch-Schmiede und sprechen mit dem Bruder des Dichters Heinrich Lersch. Ich schaffe mir auch gleich an Ort und Stelle Bücher von Heinrich Lersch an. Wir besuchen auch sein Grab. War dies ein NS Dichter? Das war ein Dichter der Arbeit, der den Hammerschlag besang, aber nicht die Kriegsmaschinerie. Jonasch belegte ihn natürlich gleich als seinen Parteigänger, als Sozialdemokraten.

Das Wetter ist milde geworden, der Krieg in die Ferne gerückt. Nur vom Westwall hört man ab und zu Berichte über Feindberührung. Am 24. und 25. November mache ich eine Dienstfahrt mit Insp. Krause nach Gütersloh. Über Krefeld, Duisburg, Oberhausen, Dülmen, Münster. Münster in Westfalen, Stadt mit innerstem Herz, mit Seele, baulich mit Giebeldächern und dem einmalig schönen Waffenstillstandssaal 1648. 30jähriger Krieg, wir sind auch schon im zweiten Jahr, und eines weiß ich, hier residiert Kardinal Graf Galen, einmal, in Russland, werde ich noch von ihm hören. In Münster wird übernachtet. Dann nach Gütersloh und zurück über Lippstatt, Möhnetalsperre – ein riesig aufgestauter künstlicher See, der elektrischen Kraft dienend, der viele Dörfer verschlungen hat. Es war ein herrlicher sonnenvoller Herbsttag mit viel Windgebraus und Wellenspiel im See, den ich umrundete an seinem Ufer. Weiter durch das Sauerland, Iserlohn, Kuppertal, Düsseldorf, Neuss, M. Gladbach. Zurückgekehrt, beschloss auch ich ein Privatquartier zu nehmen und fand ein kleines Dachzimmer in der Sittardstraße Nr. 73 bei Familie Boventer. Wie danke ich diesen guten Leuten, Herrn Peter, Frl. Lenchen und Frl. Anne, für die fast ein halbes Jahr gewährte Gastfreundschaft. Hatte ich nicht Nachtdienst im Geschäftszimmer, war ich immer unter ihnen. Um 17 Uhr nach Hause, Stiefel aus,

Patschen an, mein Abendbrot abgegeben an die zwei Frauen, Zeitung, Bücher, Radio, Brief schreiben. Mit Peter Boventer musste ich Skat spielen, doch ich hatte keine Ahnung davon, und um 1/2 9 wanderten Boventer und ich in die Dachzimmer. Um 6 Uhr standen wir auf, Boventer ging in die Kirche und ich zu meiner Dienststelle. Boventer war mit seinen Schwestern eine tiefgläubige katholische Gemeinschaft und stand natürlich dem Hitlerregime diametral gegenüber. Er hatte bis August 1939 noch immer Briefwechsel mit einem Belgier, der in den Jahren nach 1920 als Besatzungssoldat des Rheinlandes der Alliierten mein jetziges Dachzimmer bewohnte. Eine kleine Begebenheit, die sich im Dezember ereignete. Schon in Polen ist mir eine Zeitschrift mit dem Bild einer ehemals guten Bekannten von Frieda und mir, Annemarie Purkhauser, in die Hände gefallen. In Gladbach kam mir die Zeitung wieder unter die Augen. Nun weiß ich, dass Annemarie und Walter sich lieben, aber durch eine kleine Unstimmigkeit auseinanderkamen. Nun, da ich die Anschrift von Walter habe, sende ich die Zeitschrift an ihn. Durch das Bild wahrscheinlich an die schönen Stunden besonders erinnert, feiern die beiden Versöhnung.

Es wird Weihnachten und die ersten Urlauber fahren nach Hause. Ich muss noch warten. Inzwischen haben verschiedene Bekannte schon feste Freundschaften geschlossen. So Jonasch mit einer verheirateten Frau, die ihr Alleinsein immer durch das Blumentelefon anzeigte. Stand das Blumenstöckerl rechts war sie allein, stand es links musste Jonasch ziehen. Mück erzählte immer von einer Agnes, die ich aber nie zu Gesicht bekam. Riedl fuhr regelmäßig nach Krefeld in den „Seidenfaden“, das war so ein Kabarett, um mit seiner Flamme zusammenzutreffen. Die Weihnachts-feier des Stabes feiern wir gemeinsam mit der 1. Kompanie. Sie besteht aus einer leeren, hohlen Rede eines Angehörigen der 1. Kompanie. Eines Lehrers in Zivil, ein Atheist, der auch bei unseren Märschen durch Wien ausgerechnet immer vor dem erzbischöflichen Palais das „Niedersachsenlied“ anstimmte, dessen Inhalt, Verherr-lichung von Widukind und Verdammung der Kirche, auch in seiner Weihnachtsrede anklang. Gut war das Beiprogramm. Da gab es den Sänger Maschkan, einen guten Klavierspieler und Hugo Bauer sang „Mir zwa aus Ottakring“. Mit Wehmut denke ich an die stille, heilige Nacht in der Heimat. Frau und Kind allein, ich allein. Krieg, Zerstörung. Den Hl. Abend verbrachte ich bei meinen lieben Boventers. Wir schenkten uns gegenseitig ein paar Kleinigkeiten und Traude bekommt das

Püppchen „Lenchen“. Hier singen wir „Stille Nacht“ und „Es ist ein Ros' entsprungen“. In der Mitternachtsmette ging ich im Theresianum zum Tisch des Herrn. Der zweite Feiertag vereinigt den Stab zu einem Mittagessen in der Friedrichshalle. Nach Stefanie setzte heftige Kälte ein. Für das Rheinland ganz ungewöhnlich, mit starkem Schneefall. Hier hat man ja nur einfache Fenster, da die Winter mild verlaufen.

Für den 29.12. bekomme ich und Hugo Bauer Urlaub. Wir fuhren mittags weg, stiegen in Neuss um und kamen in dem überfüllten Zug nach 33-stündiger Fahrt in Wien an. 11 Stunden Verspätung. Es ging über Köln, Bonn, Koblenz, Mainz, Mannheim, Heidelberg, Heilbronn, Ansbach und hier blieben wir im Schnee stecken und kamen erst nach Stunden weiter über Nürnberg, Regensburg, Passau, Wien. Um Mitternacht durfte ich Frieda in die Arme schließen. Ich tat alles Militär von mir, war immer zu Hause und es herrschte eine Saukälte, immer minus 15-16 Grad. Mein Kind, meine Frau, Bücher, Heimat, wie herrlich bist Du.

Am 11. Jänner 1940 ging es wieder fort. Frieda begleitete mich zum Westbahnhof. Um 18 Uhr fuhr ich ab. Am 12. erlebte ich eine herrliche Rheinfahrt. Prächtiger Sonnenschein lag über den Städten, über dem Strom. Die Hügel und Wälder atmeten eine Ruhe und Erhabenheit im Gegensatz zu meiner inneren Unruhe. Gibt es nochmals Urlaub? Beginnt der Krieg am Niederrhein bald? Um 9 Uhr abends war ich wieder auf meinem Dachzimmer in Gladbach.

Am 26. Jänner bekam ich schlechte Nachricht von zu Hause. Traude war krank. Ein paar bange Tage und Nächte, bis der erlösende Brief über die Genesung kam. Am 3.2. bekam ich Urlaub nach Dortmund. Ich fuhr über Krefeld, Duisburg, Mühlheim, Essen und zurück über Eickel, Gelsenkirchen. Onkel Otto wohnte damals noch in der Fliederstraße. Er zeigte mir Dortmund, soweit es die Zeit zuließ, und es war ja noch alles in Ordnung, da der Bombenkrieg noch nicht begonnen hatte. Ich lernte eine richtige Industriestadt kennen und ebenso die Quelle des guten Dortmunder Bieres. Als ich zurückkam, packte mich Jonasch und wir pilgerten nach Rheydt zur Oper „Fliegender Holländer“. Dieses Städtchen hatte nur durch Goebbels Gnaden ein Opernhaus, da er dort geboren wurde. Rheydt ist ja unbedeutend, nur ein Anhängsel von Gladbach. Am 10.2. war in der Friedrichshalle das Konzert der Nationalpreisträger für Violine und Klavier.

Eines Tages, es ist der 20.2., steht Walter Krexner in meiner Bude. Es gibt vieles zu erzählen und zu berichten. Walter weiß von Karli und Exler, ich wieder von Kaplan Weinands Schwester, die hier in Gladbach verheiratet ist, die ich schon besucht habe und gut bewirtet wurde. Wir sprechen auch über das Attentat auf Hitler am 8. November vergangenen Jahres in München, doch es legt sich keiner von uns beiden fest. Ist es zu gefährlich auch unter Freunden seine Meinung zu sagen? Ich bin etwas enttäuscht. Der März lässt scheues Grün in den Gärten sprießen. Wäre ich in keiner Stadt gewesen, hätte ich mit Weinheber gesungen: Die Wälder rauschen nah und fern, die Erde riecht, es regnet gern.

Am 18. März bin ich in der Friedrichshalle bei einer Aufführung von J.S. Bach Matthäuspassion. Ostern am 24. März. Ich gehen mit Boventer in der Umgebung spazieren. Dahl, Schloss Rheydt. Als Osterüberraschung kamen am Karsamstag die Engländer über die Stadt, ohne Bomben zu werfen, es wurde aber auch keiner abgeschossen. Herr Maier, was sagen sie nun?, sagten wir uns unter der Hand und dem, der vertrauenswürdig war. Görings Ausspruch hieß doch, Maier soll ich heißen, wenn ein Feindflieger Reichsgebiet erreicht. Vom 11.-14.4. habe ich eine kleine Grippe, doch ich brauche nicht ins Lazarett, da ich von meinen Hausleuten gepflegt werde. Am 22.4. ist der Birnbaum unter meinem Fenster voll erblüht. Am 2.5. ist Himmelfahrt und ich schreibe in mein Tagebuch: Gib mir den Irrsinn Herr, damit ich klarer sehe. Am 4.5. sehe ich als letzte Oper in Rheydt „Corregidor“ von Hugo Wolf.

## Frankreich-Feldzug

Denn 2 Tage vor Pfingsten geht es los. Am 9.5. ist um 14:30 Alarm. Am 10. Mai ging es los. In der Dämmerung brausen schon die Flugzeuge westwärts. Wohin? Holland? Wir haben doch keinen Krieg mit Holland. Aber sie müssen nach Holland, es ist ja nur ein Katzensprung. Bald werden wir durch eine Rede Hitlers informiert. Gladbach gleicht einem Ameisenhaufen. Motorisierte Kolonnen gingen durch, bespannte Abteilungen folgen. Und immer wieder Flugzeuge am Himmel. Holland ist wie Belgien in den Krieg hineingezogen worden. Mück geht am 11.5. als erster von uns als Vorkommando ab. In derselben Nacht fallen die ersten Bomben auf Gladbach.

Pfingsten „Veni Creator Spirito“, komm Schöpfer Geist. Am Pfingstsonntag, 12.5. sitzen wir in der Straße der SA und warten auf unseren Einsatz. Wir hören schon die sich überschlagenden Erfolgsmeldungen und am 13.5. geht es ab. Über Aachen, holländische Grenze, ich wechsle noch auf offener Straße für unsere Einheit Reichskreditkassenscheine gegen Reichsmark, da Mark nicht ausgeführt werden dürfen, um 1/2 10 Uhr sind wir in Maastricht. Der Westwall bei Aachen mit den leeren Bunkern, auf den holländischen Straßen weggeräumte Straßensperren. Die Maasbrücken sind gesprengt. Wir beziehen ein Quartier in einer Schule für 2 Tage. Dann geht es weiter nach Belgien. Kurz hinter Maastricht passieren wir die Grenze und den Albertkanal. Uns fällt auf, dass die Brücke unbeschädigt ist, obwohl ein großer Eisenbetonbunker sie hütet. In der Nähe liegen Segelflugzeuge. Der Bunker wurde also von rückwärts genommen und mit Flammenwerfern erledigt. Die Besatzung liegt verbrannt im Innern. Eine neue Taktik, wie wir erfahren. Die Segelflugzeuge wurden von Köln hochgeschleppt, diesseits der Grenze ausgeklinkt und segelten geräuschlos ihre Ziele an. Armes Belgien! Unzählige Häuser zerschossen, Tongern fast ganz zerstört, St. Trond weniger mitgenommen. Überall liegen noch die Gefallenen im prallen Licht der heißen Sonne. Unser Quartier ist Kerkom, südlich von St. Trond. In einem Schlosspark wird gezeltet. Die Nächte sind weich und lind und die Briefe nach Hause sind voller Sehnsucht. Nachts schießt manchmal die Flak, ansonsten ist es ruhig.

Am 17.5. geht ein Teil von uns nach Nivelles, kommt aber bald wieder zurück und gemeinsam geht es weiter. Die verlängerte Maginotlinie zwischen Sedan und Maubeuge wurde durchbrochen und am 20. geht es über Huy, Dinant, Philippville bis Silenrieux. Wir hören, dass die Panzerspitze sich Abbeville am Meer nähert, also Holland, Belgien und das Gebiet nördlich der Somme eingeschlossen ist. Man spürt, dass in diesen Teil alle motorisierten Teile gesteckt werden, in zwei Kolonnen geht es durch Frankreich. Vorwärts, vorwärts, wir müssen zwei SS Divisionen vorlassen. Über Namur im Westen steht eine riesige Rauchwolke. Soldatengräber rechts und links der Straße. Der Flüchtlingsstrom wird immer dichter, wohin wollen die Leute? Wir zelten in Gärten, der Franzose liegt nur ein paar Kilometer neben uns, aber auf den wird nicht geachtet, nur vorwärts. Die Nächte sind von Leuchtfallschirmen der Feindflieger erleuchtet. Ganz weit im Westen die weißen Raketen unserer Flakkorpsspitze, „hier sind wir". An Schlaf ist wenig zu denken. Um den Ungeziefer vorzubeugen, schneidet mir Riedl Karli die Haare, aber ganz ab.

Die ersten französischen Weine kommen, die Stimmung steigt. Am 26. Mai geht es bei Regen weiter. Ich fahre in einem Krad über Landrecies, le Cateau, Marcoing. Quartier ein verlassenes Haus. Die Landser vor uns haben sich herrlich benommen: sie haben in die Betten geschissen. Ungeheure Brände färben den Himmel rot. Tags dröhnen die Stukas über uns, sie fliegen nach Dünkirchen, um die Engländer zu treffen, die über den Ärmelkanal wollen.

Es ist bald unser Hochzeitstag. Ich finde Rosen und sende eine an Frieda. Daneben gibt es aber auch Seife und andere Dinge, die ich an Frieda schicken kann.
Insp. Neumann nimmt mich auf einen Soldatenfriedhof aus dem ersten Weltkrieg bei St. Quentin mit und besucht das Grab seines Vaters. Wir sind ja in der Gegend, wo die großen Schlachten 1914-1918 tobten, Cambrai-Arras usw. Wir liegen genau 8 Tage in Marcoing, das Wetter ist längst wieder schön geworden und am 2. Juni geht die Fahrt weiter über Cambrai, Arras, Doullens, Ribeaucourt.

Das Lager ist ein Schlosspark mit hohen Buchen. Es wäre traumhaft schön. Nach Cambrai dasselbe Bild wie immer. Eine Unmenge von ausgebrannten Panzern, darunter 72 t Tanks. Ribeaucourt liegt in der Nähe von Abbeville, an der Mündung der Somme. Die Flandernschlacht geht zu Ende. Das Lager in diesem Park ist das schönste bisher. Vom Schloss schlägt die Uhr herüber. Einer sitzt und träumt, einer schreibt Briefe, einer macht Pakete. Denn der Ausverkauf Frankreichs hat begonnen. Es geht die Mär, dass unser Vespermann eine vollgepackte JU 52 nach Hause mit Beutegut schickte. Das Lager, wir schlafen in Zelten, ist unter hohen Bäumen. Wir können an offenen Feuerstellen kochen. Zusätzliches natürlich, aus dem Lande etwas, zur Aufbesserung der Feldküche. Zu trinken gibt es, was das Herz begehrt. Vom Mineralwasser (Vichy) bis zum Champagner. Nur eines beunruhigt mich. Was ist zu Hause? Endlich am 3. Juni erhalten wir Post. Am 4. Juni fahre ich mit Insp. Krause nach Abbeville. Beim Bahndamm geht unsere Infanterie vor, der Franzose schießt mit Artillerie auf die Infanterie und auf die Stadt und vernichtet sie. Was sich Insp. Krause erhoffte, ging nicht in Erfüllung. Es gab nichts zu „organisieren“.

Bei Le Crotoy sehe ich das erste Mal das Meer. Es ist eine Steilküste. Im Süden ist die Windung der Somme und ebenfalls sehe ich eine Steilküste. Der Zugang zum Meer geht über Stufen hinab. Ich stehe am Strand. Die Wellen rollen auf mich zu, es ist heiß und der Wind kommt vom Meer herein. Zurück geht es über Rue, Auxi le Chateau. Die Nacht zum 5. Juni ist sehr unruhig. Es fallen Bomben und um 5 Uhr weckt uns Kanonendonner. Beginn der neuen Offensive über die Somme. Am 6.6. entwickeln sich über uns Luftkämpfe. Besatzungen von Flugzeugen gehen an Fallschirmen nieder. Ich weiß es nicht, sind es Franzosen oder Engländer. Der Krieg zehrt und macht müde, einmal auf einer Wiese liegen können, sich selbst das Herz ausschütten, mit Winden und Wolken wandern, ganz Traum werden, so geht es mir durch den Sinn.

Am 10. Juni geht es bei L´Etoile über die Somme, Poix, Grandvillers nach St. Arnold. Land zwischen Somme und Seine. Lager im Garten eines Bauernhauses. Zelte, Posten ... Kein Mensch ist zu sehen, alles ist geflohen. Überall gefallene Soldaten mit dunkler Hautfarbe, die den Rückzug der Franzosen decken mussten. Die Weygandlinie besteht aus Feldstellungen, die in aller Eile geschaffen wurden, aber den vordringenden deutschen Panzern kein Hindernis waren.

Italien tritt in den Krieg ein. Bisher hatte sich der „Duce“ als nicht kriegsführend bezeichnet. Nun da es nach Beute roch, schnell den romanischen Brüdern in den Rücken gefallen. Die Verpflegung wird aus einem aufgespürten englischen Verpflegungslager herbeigeschafft und damit konnte sich unsere Verpflegung natürlich nicht messen. Wir fassen englische Zigaretten, die ich ausschließlich Frieda schicke. Am 14.6. neue Fahrt über Morvillers, Songeons, Transieres am Fluss l´Andelle. Im grünen Tal der Andelle spürten wir kaum mehr den Krieg, im Fluss wurde gebadet und Wäsche gewaschen. Das Wetter war ununterbrochen schön.

Am 16.6. weiter über Les Andelys (Seine), Evreux, St. Croix. Lager wieder in einem verlassenen Bauernhaus. Der Bahnhof von Evreux war dem Erdboden gleich, wahrscheinlich mehr durch Bomben als durch Bodenkampf. Am 17.6. bittet Petain, der neue französische Ministerpräsident, um Bekanntgabe der Waffenstillstandsbedingungen. Ich atme auf, der Krieg in Frankreich geht seinem Ende zu. Im Bauernhaus in St. Croix geht es hoch her. Mück findet immer noch Champagner. Am 18.6. fahren wir weiter über Nonancourt, Tillieres, Verneuil, Pullay. Die Fahrt war sehr feucht und champagnerdunstig. Wir beziehen in Pullay als Lager eine Schule „Ecole des Roches“. Es war eine Schule für bessere Kreise. Ein ausgedehnter Garten schloss an die Schulgebäude. Jonasch, Riedl und ich hatten ein Zimmer. Wir schliefen wieder in Betten. Ein Bad war vorhanden und wir konnten uns richtig pflegen. Am 19.6. fuhr ich mit Krause über Châteauneuf nach Chartres. Der Dom war für mich das größte Erlebnis in meinem bisherigen Leben. In einer Bar holte Krause aus dem Keller Champagner für die Offiziere, für die Truppe Kakao und allerlei Lebensmittel, die Deutschland nicht mehr kannte.

Am 21.6. erleben wir im Radio die Übergabe der Waffenstillstandsbedingungen. Ich habe meine Briefe seit meinem letzten Urlaub nummeriert. Seit dem 12.1. habe ich schon 112 Briefe geschrieben. Am 25.6.1940 Waffenstillstand um 1:35 mit Frankreich. Hitler hatte sich den Wald von Compiegne ausgesucht, um die Franzosen ganz zu demütigen. In diesem Wald mussten seinerzeit die deutschen Unterhändler im Jahre 1918 unterschreiben. Sogar denselben Eisenbahnwaggon mussten die Franzosen bereitstellen, in dem 1918 unterschrieben wurde.

## Krieg gegen England

Schon der nächste Tag sah uns auf Fahrt in den Krieg gegen England. Elbeuf, Rouen, Neufchateau, Abbeville, Rue, Fort Mahon. In Rouen wieder über die Seine und Besichtigung des Domes, der Hinrichtungsstätte von Jeanne d'Arc, des Wohnhauses von Jean d'Arc und ich besuchte allein das Wohnhaus von Balzac. Von Abbeville war nicht viel übriggeblieben. Aber schon waren einzelne Bewohner wieder zu sehen. Grün ist das Land nördlich der Somme, hügelig, einzelne Wäldchen. Auf einmal leuchten die Dünen auf. Wir kommen in ein Städtchen, verlassen es, die Straße steigt an und gibt erst knapp vor dem Strand den Blick auf das Meer frei. Es herrschte ein ziemlicher Wind und schaumgekrönt breitet sich, vielmehr hatte ich den Eindruck, einen ungeheuren Hügel vor mir zu haben, das Meer aus. Ein schönes Quartier war schon bereitet. Eine Villa direkt am Strand. Es war eine flimmernde, blendende Helle bei Tag. Doch schon in der Dämmerung änderte das Meer immer wieder die Farbe. Blau, grün, opalisierend zwischen blau und grün und nachts dunkelgrün, übergehend in violett oder tiefes blau. Nicht umsonst heißt die Küste hier „Côte d´Opal". Wir lagen im Sand, beobachteten Ebbe und Flut, badeten, wanderten in den Dünen oder ich saß am Balkon der Villa und sah aufs Meer hinaus. Im Süden sah ich wieder die Kreidefelsen der Normandie weiß herüberblinken wie am 4.6. und immer das unendliche Brausen des Meeres. Nachts überflogen uns die Engländer und am 30.6.

erlebten wir noch einen englischen Schnellbootangriff, der sich aber sehr weit draußen abspielte. Fast außerhalb des Bereiches der Küstenbatterien.

Am selben Tage noch ab vom Meer über Montreuil und St. Omer nach Lumbres. Der Ort liegt zwischen Wäldern und Hügeln. Das ganze Land war hier grün, im Gegensatz zur Weiße des Meeres. Riedl und ich erhielten ein Zimmer in einem Wirtshaus. Das Geschäftszimmer war in einem Hause mit anschließender Garage und KFZ-Werkstätte. In mein Tagebüchlein schrieb ich: Bei meinem ersten Nachtdienst ließ ich das Radio leise spielen und hörte Richard Wagners „Winterstürme wichen dem Wonnemond". Sollte es eine Verheißung sein, dass der Sturm des Krieges auch weicht? Es war keine Verheißung. Der Krieg ging weiter.

Am 4.7. hatte ich eine Dienstfahrt mit Krause über St. Omer, Baileuil, Armentieres (Hier stand ein Gedenkstein der Franzosen, dass die „Boches" hier 1914-18 aufgehalten wurden.) nach Lille. Zurück über Bethune, Merville, Hazebrouk, St. Omer, Lumbres. Manchmal war viel zerstört, so Hazebrouk und die Außenbezirke von Lille. In Lille herrschte ein Betrieb in den Kaufhäusern und Gaststätten, als wäre tiefster Friede. Ich kam auch an einem Kino vorbei und sah zum ersten Mal das „Pferdegesicht" Fernandel. Auf den Straßen wurden in Fett gebackene Erdäpfel verkauft und es wurden auch schon Zeitungen angeboten. In Lumbres merkte ich erst richtig, dass wir weit im Westen waren, da es bis Mitternacht dämmrig war und erst dann die blaue Nacht herniedersank. Natürlich hatten wir auch nicht die westeuropäische Zeit nachgestellt, denn wenn wir dies getan hätten, wäre die Dämmerung normal zur Stunde eingetroffen. Wir haben normalen Betrieb mit exerzieren usw. und vor allem Unterricht, wie man sich auf einem Schiff benimmt. Über uns ziehen in mächtigen Staffeln die Flieger gegen England. Es ist, wie sie später hieß, die Schlacht um England. Auch nachts ziehen immer die Flugzeuge nach England und es ist ein ewiges Gebrumm.

Am 17.7. fahren wir nach St. Omer ins Kino, Frieda hat mir einen Zeitungsausschnitt über Stöger Pepi beigelegt (Radfahrmeister). Am 21. Juli veranstaltet der Stab einen von den Offizieren missbilligten Kameradschaftsabend. Am 28. und 29.7. war ich auf Kommando bei Nachschubführer II in Blendeques. Am 2. August war ich wieder in Lille und Roubaix. In Roubaix habe ich um 12,- Mark den besten Sommeranzugsstoff gekauft. Am 5. August erlebe ich eine große Freude. Ich bekomme zwei große Bilder von Traude durch Exler Pepi. Die stehen jetzt neben meinem Nachtlager.

Es scheint so, als ob aus einem Krieg mit England nichts wird. Der Unterricht über das Verhalten auf einem Schiff hört auf, ebenso wie man sich bei Kämpfen in England zwischen den Hecken verhält. Scheinbar glaubten unsere Offiziere, England besteht aus lauter Hecken, über die erst die Flugzeuge und dann wir springen mussten. Daraufhin habe ich Frieda geschrieben, sie soll für mich um einen Ernteurlaub einreichen. Am 7.8. wird Insp. Krause versetzt. Versetzungen vor einem Angriff sind gerade nicht üblich. Am 8.8. hat mir Riedl Karli wieder die Haare geschnitten, und sagt dabei, dass Hitler an einer perversen Dämonie leide. Dies konnte er nur mir sagen. Ich bat ihn beim Haarschnitt auf einen eventuellen Urlaub Rücksicht zu nehmen. Am 9.8. kommt Insp. Neumeyer.

Am 11.8. habe ich Dienst und sehe, wie mein Ernteurlaubsgesuch geöffnet wird. Vespermann schrie, jetzt vor der Landung in England auf Urlaub zu fahren ist Hochverrat, obwohl er genau wusste, dass die Landung abgeblasen war. Überhaupt muss ich jetzt einiges einfügen. Wir hatten einen Unterarzt im Revier, Dr. Prinz Auersperg, ein Wiener. Warum der nur Unterarzt war, fiel mir erst später auf. Auersperg-Widerstand.

Insp. Krause und Insp. Neumann wohnten gegenüber dem Geschäftszimmer in einer schönen Wohnung. Da ich jeden Sonntag zur Kirche in Lumbres ging, wusste ich bald, dass auch die Hausherrenleute von den Inspektoren zur Kirche gingen und sie erkannten mich auch. So kam ich mit ihnen ins Gespräch. Sie lobten mich, dass ich immer „Je vous prie“ sagte und nicht wie die anderen, die ohne zu fragen und zu bitten durchs Leben gingen. Ich deutete ihnen an, dass ich Österreicher sei und bei Wien wohne. Nun erzählten sie mir, wie es ebenso möglich war, dass ihr Sohn bei Wiener Neustadt in Gefangenschaft sei. Wie gerne hätte ich für die guten Leute etwas getan, dass ich einen Brief gesandt oder ein Päckchen, aber es war mir leider nicht möglich. Bauer Hugo gab ihnen aber immer etwas aus der Küche, denn die Franzosen mussten auf Karten kaufen und die Lebensmittel waren streng rationiert.

Am 13.8. erfahre ich, dass Baumgartner und ich am 14. morgens auf Urlaub fahren können. Alles packen, keinen Schlaf mehr gefunden. Am 14. ab mit einem LKW um 3/4 7 Uhr früh über St. Omer, Lille, Roubaix, Tournai, Ath, Brüssel (ein wenig in der Stadt und etwas gekauft, Manneken Piss angesehen), Löwen, St. Trond, Tongern, Maastricht, Aachen. Von Aachen im Zug nach Köln, Köln Fliegeralarm, erst 2 Uhr früh über Koblenz, Frankfurt, Würzburg, Nürnberg, Regensburg, Passau, Linz, Wien an 20.30. Um Mitternacht in Wolkersdorf. Baumgartner übernachtet und fährt am 16.8. nach Südmähren (Pohrlitz). Es sind wieder wundersamste Tage des Glückes. Mein Kind nimmt mich ganz gefangen. Mein Land, Hügel, Feld, Wald wurden durchstreift, es interessierte mich weder Wien noch Unterhaltung. Meine Bücher füllten den Rest der Tage. Am 28.8. ging es wieder ab. Frieda war mit am Westbahnhof, Baumgartner war auch schon da. Die schon bekannte Strecke über Passau, Regensburg, Frankfurt Köln, Ankunft 4 Uhr früh. Weiter im Personenzug nach Aachen. In Aachen von einem Kraftwagen des Stabes (Franz Jank) erwartet. Leider hatte der Wagen eine Panne. Zurück nach Gladbach, Ankunft 10 Uhr. Diesen Tag und die folgende Nacht bei meinen Quartierleuten Boventer verbracht. Am 30.8. von Gladbach ab über Aachen, Maastricht, Brüssel (Mittagessen), Roubaix, Lille, Cassel, St. Omer, Lumbres an um 8 Uhr abends. Alles beim Alten. Keine Landung in England. Ja, die englische Luftwaffe war jetzt jede Nacht über dem Kontinent. Am 1.9. „Missa Angelis“ in der Kirche zu Lumbres. 4.9. erste Post von Frieda, auch am 4.9. beim Zahnarzt in Dohem.

9.9. in St. Omer bei der Feldpost. Am 17.9. mit Kraftfahrer Krivka in St. Omer. In meinem Tagebüchlein steht besonders vermerkt. Schreckliches Erlebnis. Krivka hatte zu viel getrunken und kam mit dem KRAD auf den Gehsteig. Natürlich war gleich Feldgendarmerie da und wir mussten in einer Zelle übernachten. Erst am Morgen konnten wir weiter. Wie Vespermann tobte, brauche ich nicht zu beschreiben. Krivka bekam gleich 3 Tage aufgebrummt.

Nachts auf Posten betrachte ich schon den ganzen Sommer das Spiel der Planeten und Saturn und Jupiter. Eine Zeitung schreibt, dass sich ein solches Planetenspiel auch im Jahre 7 vor Christi abgespielt hätte und es ist anzunehmen, dass dies der Stern von Bethlehem gewesen sei. Inzwischen sind ja Veröffentlichungen in dieser Richtung in diversen Fachzeitungen und auch im Buche „Die Bibel hat doch recht“ erfolgt. Am 30.10. wird Mück U.K. gestellt und geht nach Wien. Ich beziehe sein Zimmer. Am 1.11. bekommt der Stab eine eigene Küche bei Madame Dewilde. Bauer Hugo wird Chef der Küche. Am 3.11. ist Wehrmachtgottesdienst in Lumbres. Hier muss ich einfügen, dass nur die Wehrmacht (Heer) eine geistliche Betreuung hatte, während wir bei der Luftwaffe auf diese verzichten mussten. So kamen in Lumbres aus der ganzen Umgebung die Soldaten zusammen, um im Freien einen katholischen Gottesdienst zu feiern. Ich musste mich verkühlt haben, denn ich bekam eine leichte Rippenfellreizung und wurde dienstfrei gestellt. So konnte ich am 5.11. die Neunte von Beethoven ungestört hören und am 6.11. hat mir Riedl Karli wieder die Haare geschnitten.

Am 8.11. war das Schlierseer Bauerntheater in St. Omer. Und kurze Zeit darauf eine andere Unterhaltungsbühne. Eine Sängerin brachte dabei das Lied „Auf dem Dach der Welt“ und machte damit Vespermann ganz verrückt. Am 13.11. tobt ein Orkan über das Land.

Ende November erfahre ich, dass ich Weihnachtsurlaub bekomme. Meine Freude kannte keine Grenze. Am 13.12. ging es über Lille, Brüssel, Köln, aber diesmal über Mannheim, Heidelberg, Stuttgart, Ulm, Augsburg, München, Salzburg und ich komme über Stammersdorf mit dem Lastauto am 15.12. um 9 Uhr an. So war ich nach zwei Jahren wieder am Hl. Abend bei den Meinen in der Heimat. Von den Parteigenossen, so etwa Czapka, wurde ich bevorzugt behandelt, obwohl er mir 1939 mit der Anzeige drohte. Mit diesen kam ich deshalb zusammen, weil er Dienst auf der Gemeinde machte und ich mich dort ja melden musste. Ansonsten sah ich oder wollte ich niemand sehen. Zu schnell verging die Zeit und am 28.12. ging es wieder ab 10 Uhr Westbahnhof, Frieda war mit, Abschied, was wird kommen?

Richard, Frieda und Traude in der Hofgartenstraße

Ich möchte noch einfügen, dass ich auch immer vom jeweiligen Kaplan Abschied nahm. Diesmal ging die Fahrt, auch über Aachen, Brüssel, dann aber über Gent, Kortrijk, Lille, St. Omer (von Gent sah ich leider nur die herrliche Silhouette der Stadt mit gotischer Kathedrale, in der ich den Genter Altar der Brüder van Dyck wusste, mit den romanischen weltberühmten Bauwerken von Schipperhuis und Stappelhuis) um 21 Uhr in Lumbres an. Die Abteilung war weg. In Hesdin lag noch ein Teil der Gerätekolonne. Ich übernachtete in meinem alten Quartier in Lumbres, fuhr am

30.12.nach Hesdin und von dort ab um 10 Uhr über Abbeville, Neufchatel, Rouen. (Wieder übernachtet, abends den Rummel an der Seine mit den Freudenhäusern angesehen. Die Damen saßen fast nackt in den Schaufenstern und lockten die Soldaten.) Am 31.12. noch eine kurze Runde durch Rouen, besonders die Kathedrale besichtigt und dann weiter über Pont d´Arche, Evreux, alles schon bekannte Orte vom Vormarsch, Nonancourt, Chartes, und um 17 Uhr, am Silvestertag an in Tours. Tours an der Loire.

1. Jänner 1941. In meinem Tagebüchlein steht: „Das Jahr sei mit Gott begonnen", dann: Reinhard Johannes soll er heißen. Damals dachte ich schon an einen Sohn und an seinen Namen. Wir lagen in einer Schule, besser in einem Internat, das abgeteilte Schlafkojen hatte, sodass jeder eine Koje bewohnen konnte. Am 3. schickte ich das erste Päckchen mit Orangen und Datteln an Traude. Am 8. erhielt ich erste Post von Frieda nach dem Urlaub. Immer wieder lese ich von Päckchen für Traude mit Südfrüchten, Kakao und Schokolade. Am 13. Jänner hatten wir vom Stab eine Feier für unseren Spieß, Oberfeldwebel Müller, anlässlich seiner Heirat, bevor er in die Heimat abfuhr. Am 18.1. Anruf in Wolkersdorf und mit Heinrich Doss gesprochen. Grüße aufgegeben. Diese Einheit lag in der Schule und war ebenfalls eine Nachrichteneinheit, sodass ich fast mit Leichtigkeit eine Verbindung nachts mit Wolkersdorf herstellen konnte, besonders wenn ich Dienst hatte. Mit Jonasch besuchte ich das Museum und die berühmten Libanonzedern mitten in der Stadt. Auch an Boventer dachte ich immer und schickte Kaffee und Zigaretten. Am 23.1. war ich in St. Avertin am Cher.

So erlebte ich die Etappe in Frankreich. Ich konnte zum Zahnarzt gehen, mich renovieren, einkaufen und fleißig für Meine in der Heimat Päckchen senden. Als Jonasch auf Urlaub fuhr, gab ich ein größeres Paket mit. Winter gab es hier keinen, die Loire war ewig grün. General Dessloch besichtigte uns einmal. Da gab es ein Grossreinemachen, aber der General versuchte das Essen aus der Feldküche und verschwand wieder. Die Stadt war voll Soldaten und die kleinen dunklen Frauen geizten nicht mit ihren Reizen. Eines Morgens erwachten wir und sahen auf dem Pflaster vor unserem Quartier in großen Buchstaben „VIVE DE GAULLE" geschrieben (mit Kalk). Wir als Nachrichtentruppe wussten, wer de Gaulle war, der Führer der freien Franzosen in aller Welt und auch der Franzosen im besetzten Frankreich, er sprach täglich von England aus nach Frankreich herüber im Äther.

Nochmals St. Avertin. Dort konnte man Impressionen erleben wie von Manet und Monet geschaffen. An Musik war fast nur Lehar zu hören. Er war große Mode im Theater, im Rundfunk und auch auf Schallplatten. Am 11.2. gab es im Theater durch eine deutsche Truppe „Bezauberndes Fräulein". Dann lese ich wieder von einem Paket für Frieda mit Bananen, Datteln, Sardinen und einer Regenhaube. Dann von einem Regenmantel. Es kam der März, die ersten Blumen blühten im Park. Die Libanonzeder vor der Kathedrale spielte in blauer, lauer Luft und der Bau selbst rückte wie ein wehes Mal ins Blau. Denn wer kümmerte sich um ihn? Die große Stille vielleicht und der Wind. Aber sonst?

Ein paar Gedichte, die ich in Tours geschrieben:

*Die Kathedrale von Tours*

*Die Winde wehn vom Land der alten Mühle*
*und fallen suchend in den breiten Strom*
*und bringen um die beiden Türme Kühle*
*und stehen plötzlich vor dem alten Dom.*

*Es ist so still im gotischen Getürme*
*still vor dem romanischen Portal,*
*dass nur der Wasserspeier-Kopfgewürme*
*ins Blaue rückt, gleich einem wehen Mal*

*Denn es ist keiner da der spricht: Ich rühme*
*ich ordne ein Sonett um dein Gesicht.*
*Du bist vergessen, nur das anonyme*
*ist noch um dich, als letztes, krankes Licht.*

*Der Wind geht weiter und bewegt die Zeder*
*die wissend um dies alles vor dir steht*
*und geht durch enges, dunkles Stadtgeäder*
*hinaus ins grüne Land und bleibt verweht.*

*Am Cher*

*Unten das Dorf, darüber standen*
*die Sterne. In dunklen Wellen fernüber*
*die Wälder der Heimat wandern.*

*Die Sterne hingen im Raum*
*wie Morgentau an den Blüten*
*schwer noch vom Traum.*

*Aufstieg ein halber Mond*
*Und in die weichen Schatten hinein*
*sprach ich, bleib mir geschont.*

*Denn alles was mich bewegt*
*hab ich in dieser Nacht*
*in deine Hand gelegt.*

Erinnerung an einen Brunnen im Marchfeld

*Endlos verliert sich nach*
*dir das Marchfeld in Weiten*
*wogenden Korns und darüber*
*silbrig die Schindeln niedriger Häuser.*
*Die letzten des Dorfs.*
*Nur du noch besiedelst den Himmel*

*Morgens beim Hahnschrei*
*erlöst dich die Magd des Traums.*
*Lächelnd erfüllst du die Eimer*
*mit kühler Gabe.*
*Dann wieder Stille und Sonne*
*bis abends sie kommt und*
*du lächelst wieder.*

Am 1. März kam ich bei einer Musikalienhandlung vorbei und sah die Symphonien Beethovens in Klavierauszügen. Ich kaufte in zwei Bänden alle, von der 1. bis zur Neunten. Am 2. März war Sonntag. Ich lese in meinem Büchlein „mit Hugo aus“. Bauer Hugo, ein Wiener und unser Küchenchef. Hugo zeigte mir einmal das Viertel, wo die Häuser „Le Soleil“ (Die Sonne), „La Lune“ (Der Mond) hießen und nichts anderes als Freudenhäuser waren. Hier konnte man Strip Tease sehen und Attraktionen wie in jeder Großstadt. Natürlich war hier alles aufgeheizt durch die vielen Soldaten.

Am 13.3. in St. Radegonde an der Loire gesonnt. Am Sonntag darauf die Stätte besichtigt, wo St. Martin von Tours (der Patron des Burgenlandes) gelebt. An der Loire die Troglodyten besucht. Wohnungen, die in den Felsen am Ufer gehauen. Am 20.3. war Konzert der Kapelle des Luftgaues Westfrankreich: Oberon-Ouverture von Weber, Waldhornkonzert von Richard Strauss und Beethovens Fünfte.

Am 22. März wird Riedl versetzt. Gut, dass wir in einer Stadt und hier Coiffeure zu Hause sind, wer hätte mir sonst die Haare geschnitten. Am 1. April schicke ich Traude ein Osterhäschen. Frieda schreibt mir, dass Traude an meinem Namenstag, am 3. April das erste Mal in Wien war.

## Krieg im Südosten

6.4.1941: Beginn des Krieges im Südosten. Wir stehen im Speisesaal und besprechen das Ereignis. Jeder denkt, wie lange ist uns noch dieses schöne Leben hier in Tours geschenkt. Am 13. April macht die Gruppe IVa einen Betriebsausflug über die Demarkationslinie zum Besuch des Schlosses Chenonceaux. Es ist ja bekannt, dass die Loireschlösser eine Reihe von schönster Bauten darstellen. Für mich ist Chenonceaux das Schönste. Was hier an Baukunst geschaffen und wie diese Kunst in die Umgebung gestellt, ist ebenso kühn wie fantastisch. Wir sonnten, badeten, aßen und tranken gut und der Tag endete in wunderbarer Harmonie.

Am 20. April gab es Beförderungen zu Obergefreiten und ein paar zum Uffz. Und ich? Am 29.4. erhielt ich meine Beförderung zum Unteroffizier durchs Telefon. Am 1. Mai wurde gefeiert mit Champagner und mit einem kleinen Ausflug nach Avertin am Cher. Die Tage waren schon unruhig von der bevorstehenden Verlegung. Am 6.5. kam sie für den 7.5. durch.

Am 6.5. fuhr ich noch mit Hugo Bauer nach Angers zur Armeefeldkasse um Geld. Die Einheit verlegte schon und verlud alles Gerät und alle Wagen auf die Eisenbahn außerhalb des Bahnhofes Tours. Am 7.5. um 14 Uhr gingen wir ab. Über Amboise, Orleans, Neufchatel, Blainville. Am 8.5. an der lothringischen Grenze bei Eblingen um 5 Uhr. Am 9. Mai über Homburg, Wiesbaden, Mainz, Höchst (Taunus), Kassel, Minden, Nordhausen. 10. Mai Berlin-Köpenik, Frankfurt (Oder), Bentschen, Posen.

Kommando zurück, nachdem wir schon halb entladen hatten. Es wurde kalt und es begann zu regnen, wieder aufladen. Von Posen wieder ab über Bentschen, Guben, Cottbus nach Lübbenau im Spreewald. Es war 7 Uhr abends. Keiner suchte sich Quartier mehr, wir schliefen alle in den Wagen, die von der Eisenbahn herabkamen. Am 12.5. bekam ich Quartier bei Claudius, einem Fleischer, Hauptstraße 34, zugewiesen. Es war eine schöne Kammer. Nachmittags am 12. war ich schon wieder unterwegs nach Cottbus zur Reichsbank um Geld. Bei dieser Fahrt lernte ich gleich die Gegend kennen. Wasser, Heide und Wald. Das Wetter, fast einem Wintereinbruch gleichend, wurde schlagartig schön. Die Nächte sind voll Frühling. Es ist der zweite Frühling, denn den blühenden Flieder und die aufgebrochenen Narzissen habe ich schon an der Loire erlebt.

Am 18. Mai machen wir einen kleinen Abend vom Stab im Gasthaus Bauer. Edgar Schmeckenbecher spielt Ziehharmonika, Ilse Minge, vom Gasthaus Bauer, Zither und ich Violine. Nachts begleiten Edgar und ich Ilse nach Hause, trinken bei ihr noch ein Schnäpschen und es ist schon spät, als wir in unsere Quartiere aufbrechen. Um nicht gehört zu werden, ziehen wir unsere Stiefel aus und gehen auf Socken durch Lübbenau.

An Friedas Namenstag machen wir eine Kahnpartie durch den Spreewald. Über Lehde hinaus zum Gasthaus Wotschofska (merkst du etwas, wir sind im Land der Wenden, einem slawischen Stamme, der hier lebt) und weiter bis zum Schützenhaus. Dort trinke ich zum ersten Mal Weißbier.

Es ist ein eigenes Land. Mehr Wasser- als Landwege, sodass der ganze Verkehr in Kähnen vor sich geht. Diese Kähne werden mit langen Stangen gestakt. Also nicht gerudert, sondern geschoben. Birken, Erlen, Föhren, weite Heide, dann wieder ein Stück Hochwald. Meine Quartierleute, die anfangs sehr zurückhaltend waren, tauen auf und zu Pfingsten bin ich Gast bei ihnen. Der Fleischer hatte schon noch gutes Friedensessen. Ich war noch ein paarmal in Cottbus bei der Reichsbank. Pfingsten war am 1. Juni und kurz darauf bekamen wir Befehl zum Abmarsch. Am Landwege.

Am 11.6. Fahrt von Lübbenau ab um 1/2 7 Uhr über die Reichsautobahn vorbei an Breslau nach Öls, östlich von Breslau, um 17 Uhr an. Quartier bekomme ich bei Familie Gundel, eine Bierniederlage, Parkstraße 19-20. Diese Leute waren ganz anders geartet wie die Wenden. Ich wurde gleich am ersten Abend eingeladen.

Gundel waren ein kinderloses Ehepaar so um die 40. Sehr aufgeschlossen und wir konnten uns ungezwungen unterhalten. Ich konnte von Österreich erzählen, ohne damit Hochverrat zu begehen. Sie erzählten mir, dass Öls ein Besitz des deutschen Kronprinzen ist. Von meinem Dachzimmer hatte ich einen wunderschönen Blick auf den Schlossplatz und Park. Alles hieß hier Kronprinzen. Kronprinzenstraße, Kronprinzenpark, Kronprinzenschule. So arbeite ich tagsüber in der Kronprinzenschule, wo unsere Abteilung die Schreibstube hatte. Abends immer bei Gundel bei Bier, Zusatzessen und Radiomusik. Am 15.6. traf ich zufällig einen Schulkameraden, Eduard Wamser, Oberfeldwebel der Flieger. Mein Kalender zeigt jeden Tag einen Brief an Frieda an. Viel Sehnsucht, viel Liebe, aber die Ferne ...

## Krieg gegen die Sowjetunion

Am 19.6. packen, am 20. Abfahrt in den Osten. Was soll dies? Und so gingen die Parolen: Hitler hatte mit Stalin ein Abkommen, dass die Wehrmacht über russisches Gebiet nach dem Nahen Osten bis Palästina vorstoßen könne, um die Engländer in Nordafrika in die Zange zu nehmen. Ja, manche sprachen sogar bis zu einem Marsch nach Indien.

Wir fuhren vorerst über Groß Wartenberg ins „Generalgouvernement", Wielun, Radomsko, in Czerno Nachtquartier, d.h. im Wagen geschlafen, also nicht durchgefahren. Dann kam etwas, was mich aufhorchen ließ. Funkstille, d.h. absolutes Schweigen unserer Funkgeräte. Warum? Es war die Nacht der Sommersonnenwende. Wir wussten nicht, welche Wende für unser aller Schicksal. Am 21.6. weiter über Radom, Lublin bis Zamocz. Hier waren wir in Wolhynien. Mein Vater war auch schon in dieser Gegend. Als wir in Zamocz ankamen, wir lagen in einem RAD-Lager, wussten wir: Krieg gegen Sowjetrussland. Am 22. im Morgengrauen ging das Grauen los. Eh noch die Nacht herum, brummten schon die Flugzeuge. Krieg...Krieg...

Wir verlegten am 24. nach Lubow, knapp an der Grenze bei Sokal. Am 26. sausten die ersten Bomben auf uns und noch am selben Tage ging es über den Bug in Sokal nach Perespa. Ich baute kein Zelt, sondern schlief im Führerhaus des Bekleidungswagens. Wir lagen am Rande einer Kolchose im Misthaufen, wirklich im Misthaufen. Der Krieg hatte eine andere Farbe, ein anderes Gesicht bekommen.

Wir fuhren nicht mehr auf einer Straße, sondern auf einer Rollbahn, warum dies so hieß, weiß ich nicht. Auf jeden Fall wurde diese Rollbahn fortwährend von russischen Fliegern angegriffen. Das Land hatte keine grüne Farbe mehr. Es war braun. Immer lag Staub in der Luft. Und dann gleich ein Erlebnis. Es war gegen Abend, als ein SS-Mann einen Zivilisten vor sich hertrieb, an unserem Lager vorbei in ein kleines Gehölz. Dann ein Schuss und der SS Mann kam wieder zurück. Es war ein Kommissar, ein Partisan, und so etwas gehört vertilgt, sagte man uns. Krieg, wo treibst du hin?

30.6. Abfahrt 15:30 Ziel Berestecko. Es war glühend heiß, das Land war weit, die Straßen verstopft und wir fuhren genau 12 km bis Mitternacht. Ein kurzer Schlaf neben dem Fahrer. Kaum graute der Morgen, Weiterfahrt. Es ging rascher und wir kamen nachmittags über den Styr und am Abend nach Berestecko. Am Weg lagen die großen russischen Panzer, die Orte verbrannt, am Wege weinende Verwundete ebenfalls. Hier sah ich zum ersten Mal ein Gefangenenlager. Auf engsten Raum tausende Russen, grauenhaft. Wir zelteten, blieben einen Tag und weiter nach Dubno. Zelt im Hof eines Hauses. Posch kommt zu uns als Rechnungsführer. Der Durchbruch der Russen bei Ostrowo verursachte einige Aufregung. War die Straße nach Dubno noch schön zu nennen, waren die Feldwege nach Ostrog hundemäßig.

Hier in Ostrog waren wir im eigentlichen Russland. Denn das Land, das wir bis jetzt durchfuhren, war ja Polen und nur durch den Pakt Stalin-Ribbentrop vom August 1939 an Russland gekommen. Die Bewohner, die wir sprachen, waren schöngewachsene, saubere Ukrainer, die uns Erdbeeren und anderes Obst anboten. In Ostrog sah ich eine ukrainische Fahne. Sie trug als Zeichen diese Taube, die ich von Briefmarken her kannte. Die Ukrainer hatten sich also wie im ersten Weltkrieg gegen die Russen gestellt, dachte ich mir. Und es war auch so, dass ein kleiner Teil von politischen Wirrköpfen, eine von Moskau unabhängige Ukraine schaffen wollte. Der Anhang muss aber sehr klein gewesen sein, sonst hätte die deutsche Führung bestimmt diese Bewegung unterstützt und das Land zu befrieden versucht. Am 1. Juli hatten wir den ersten Verwundeten, Mairinger, von der 1. Kompanie durch Bombensplitter. Hinter Ostrog hatte ich das erste Mal das Bild der Steppe vor mir. Es ging der Weg hügelan und dann wurde das Land weit. Die Straße war bis tief hinein in der Ebene durch die ewige Staubwolke zu erkennen. Wir bezogen Quartier bei Polomne. Ein Gutshof, Kolchos, umgeben von einem Waldbestand. Der Eingang zum Kolchos, gekennzeichnet mit einer Ehrenpforte, darauf der Sowjetstern und in Gips die Bilder Marx, Engels, Lenin, Stalin. In jedem Ort war so eine Ehrenpforte zu finden. Und überall die gipsernen Sowjetsozialisten. Heiß und schwül waren die Tage und es stockte irgendwie der Vormarsch. Artillerie schoss Tag und Nacht auf eine sogenannte Stalinlinie, die der Russe wahrscheinlich schon lange aufgebaut hatte.

Wir lagen bis 18.7. hier. Es gab jeden Tag ein paar Gewitter, aber es gab auch eine Badegelegenheit. Der Fluss hieß Uhs und floss in Richtung Rokitno-Sümpfe. Hier machte ich die erste nähere Bekanntschaft mit Joseph Maschkan, Uffz., wie ich, er bei der 1. Kompanie. Er sprach, dass er nach dem Kriege die Absicht habe, den Lehrerberuf aufzugeben und Sänger zu werden. Was mir unglaublich schien, machte er wahr. Ich besuchte sogar Konzerte von ihm im Musikvereinssaal. Doch davon später. In diesem Waldstück mit seinem Fluss gab es viele Vögel, aber auch viele Gelsen und wir waren froh, am 18.7. früh aufbrechen zu können. Es ging über Miropol, Czudnow bis Berditschew. Vor Berditschew wieder weite östliche Ebene. Weit wogte das Korn und die Entfernung des Horizontes war nicht abzuschätzen. Es war als wäre nicht ein Himmel mehr, sondern ihrer viele über das Land gespannt. Durch Wegweiser und Landkarten konnte ich schon einigermaßen die cyrillischen Buchstaben lesen und daraus Worte formen. Am 21. fuhr ich mit Insp. Hübner nach Schitomir zur Feldkasse des AOK 6, am 23. ebenfalls. Am 24. kam die Nachricht, dass Uffz. Ochs in Biela Zerkow gefallen ist. Am 26. rückten wir nach Biela Zerkow ab. B. Z. heißt Weisskirchen und diese Ortschaft sah auch so aus. Im flirrenden, heißen Sonnenlicht die weißen Häuser. Es fing gleich mit einem Fliegerangriff an. Wir lagen am Rande der Stadt in einem Waldstück. Nachts hörten wir Schüsse aus der Stadt. Später erfuhren wir, dass dies die ersten Judenerschießungen waren. Endlich erhielt ich Post. Gleich 9 Briefe von Frieda.

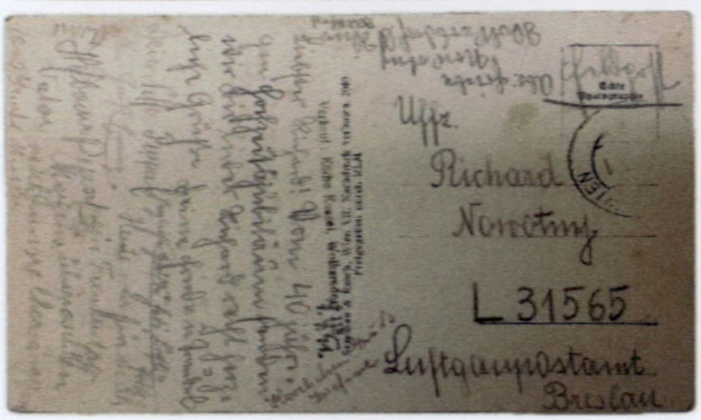


*Liebster Richard! Vom 40 jährigen Hochzeitsjubiläum senden wir dir lieber Richard recht herzliche Grüße.*
*Deine Frieda und Trauderl*
*Heute war für mich ein Freudentag. Morgens überraschten uns die Chorsängerinnen*
*Mutter*

*Postkarte, datiert 7.7.1941*

Am 1. August weiter. Hinter Biela Zerkow mussten wir durch eine Fuhrt, 1/2 m Wasser, aber es ging gut. Knapp hinter Taraschtscha kamen wir in einem Waldstück zu einem erregenden Erlebnis. Die Straßen vollkommen verstopft durch bespannte und motorisierte Truppen. Da kamen im Tiefangriff zwei Ratas und warfen 100 m vor uns Bomben und bestrichen den Wald mit MG. Als wir weiterkamen, wurden schon die Toten begraben. „In Russland reitet der Tod...“ Weiter über Swenigorodka, d.h. Schweinestädtchen, noch 9 km nach Stebnoje. Das Land wird hügelig, Wald und weite Sonnenblumenfelder in Blüte. Wir waren zwei Tage da und es gab Alarm. Im nahen Wald waren noch versprengte Russen. Wir wurden mit einem Spähtrupp Infanterie zusammengestellt, von 2 Panzerspähwagen begleitet. Doch wurde es zu finster und wir stellten Feldwachen am Rande der Ortschaft. Am 1.8. wurde ich zum Verwaltungsunteroffizier ernannt. Am nächsten Tag säuberte die Infanterie das Waldstück. Am 8.8. kam unser Rechnungsführer ins Lazarett und ich musste auch seine Arbeit übernehmen.

Weiter am 11. nach Kirowograd über Schpola und Nowomirgorod (welch schöner Name „Neufriedensstadt“). Wir erhielten ein schönes Quartier in einem Kindergarten. Um uns anständig zu reinigen, wurde einmal einen ganzen Nachmitttag gebadet. Im Kindergarten war ein Wärter mit Namen Kihlbauch. Er sprach deutsch, auch seine Kinder und Enkelkinder und zwar schwäbischen Dialekt. Seine Ahnen waren vor 150 Jahren aus Schwaben ausgewandert und hier eingewandert. Am 17. setzte eine Riesenhitze ein, 53 Grad in der Sonne. Dann fiel eine Staffel Jäger in der Nähe unseres Quartiers ein und mit der Ruhe war es aus. Jede Nacht Bomben auf dem Flugplatz. Am 3. war ich in der Stadt und traf einen Wolkersdorfer, Jandl, Sohn des Schlossermeisters.

Am 4. verlegten wir nach Kriwoj-Rog. Wir hatten also schon September. Hier muss ich noch das Essen vom 24.8. anführen: Kalbsbrust, Kompott, Bohnenkaffee, Teegebäck und abends Frischwurst, Butter, Honig und Eiskaffee („Dös gibts a no“ steht in meinen Tagebüchlein). Und am 29.8. sahen wir im Quartier einen russischen Film „Pjotr I“ und „Ruslan und Ludmilla“. Also Kriwoj-Rog, eine Berg- und Hüttenstadt, Industrie, Gruben, rote Erde, aber alles gesprengt. Wir hatten ein schönes Quartier mit lichten Zimmern und Badegelegenheit. Ich spazierte mit Jonasch auf den riesigen Schutt- und Erzhalden, von dort hatte man einen weiten Blick nach Osten. Die Steppe ging endlos weiter. Und wir? Bei Dnepropetrowsk scheint der Übergang über den Dnjepr zu stocken. Aber bei Krementschug soll sich Großes anbahnen. Richtig wir verlegten am 15.9. über Alexandria nach dort.

Endlose Kolonnen stauten sich vor der Stadt, die wir schon sahen, aber nicht in sie hineinkamen. Es wurde schon dunkel, ehe sich der ganze Zug in Bewegung setzte. Wir übersetzten den Dnjepr auf einer Pontonbrücke. Kaum drüben fielen schon Bomben. Es war Nacht und wir mit unserem Wagen allein. Wie sollen wir unser Quartier finden ohne Licht (Ich war damals Nachkommando.). Doch Gott verlässt die

Seinen nicht und um 9 Uhr waren wir soweit, dass wir die neuen Räume und Schlafstätten betreten konnten. Hier traten auch zum ersten Mal italienische und rumänische Verbände in Erscheinung. Auch Ungarn sah ich. Die italienischen Flieger machten einen hochmütigen Eindruck, ich mochte sie nicht leiden.

## Verlegung der Ostfront Richtung Moskau

Ich hatte seelisch viel durchzumachen damals. Unruhige Tage und Nächte ließen mich viel an den Tod denken. Träume von Frieda ließen die Sehnsucht wachsen mehr denn je. Es steht in Gottes Buch, wer die Heimat wiedersehen darf.

19.9.1941. Sondermeldung. Zu dieser Sondermeldung hatte man Franz Liszt missbraucht. Man spielte einige Takte aus „Les preludes“. Solche Sondermeldungen hörten wir schon in einer solchen Menge, dass die Gefangenenzahlen in die Millionen gehen mussten, von den zerstörten Panzern und Flugzeugen gar nicht die Rede. Also die Sondermeldung brachte, dass die Einkreisung östlich Kiew beendet war. Geht es weiter nach Osten? Nein, wir verlegen in einen anderen Teil der Ostfront. Wir haben einen weiten Weg vor uns, bis Roslawl müssen wir. Am 22.9. fuhren wir 171 km über Lubny nach Pirjatin und übernachten in einer Möbelfabrik.

Wir sind mitten im Kessel von Kiew. Unzählige Gefangene, auch Frauen in Uniform überholen wir oder begegnen uns. Ungeheure Mengen von Kriegsmaterial aller Art säumen die Straße. Am 23. fuhren wir 195 km bis Tschernigow an der Desna. Wir waren aus der Steppe heraus und es gab wieder Wälder. 24.9. Fahrt nach Gomel, davon 100 km durch Wald und noch 8 km in ein RAD-Lager. 25.9. 271 km Fahrt nach Roslawl. Bis Kritschew war es noch ruhig. Aber dann machte sich die Front wieder bemerkbar. Es war schon Nacht, als wir ankamen. Flakscheinwerfer suchten nach Flugzeugen. Kein Quartier. Am Boden eines Blockhauses übernachteten wir. Am 26. suchten wir Quartier und beschlagnahmten eine Reihe russischer Holzhütten. Es kam uns merkwürdig vor, dass sie nicht belegt waren. Wir sollten bald wissen warum. Es war schon kalt und als wir einen Ofen in Betrieb setzten, kamen die Wanzen und die Ratten. Aber wir mussten aushalten, im Zelt war es schon zu kalt. Einmal, am 28.9. sah ich, wie genau über mir die Bombe ausgeklinkt wurde. Sie schlug 50 m von mir ein. Unter dem 12. September hatte ich im Kalender wehmütig vermerkt: „Vor 8 Jahren Wiener Katholikentag“.

In der Nacht vom 1. zum 2. Oktober wurde ein Aufruf des Führers verlesen. Großangriff auf Moskau, endgültige Vernichtung des Feindes. Wir lagen jetzt im Mittelabschnitt der Ostfront. Wir rollten am 5.10. ab, erst die Straße Roslawl – Moskau, dann südlich ab durch herbstliche Birkenwälder. Entlang der Straße brannten Feuer, an denen sich gewärmt wurde. Wir erreichten durch schlechte Straßen unser Ziel nicht und übernachteten in einem Blockhaus in Petrowka. Weiter am 6.10. nach Dubrowa und weiter am 7. nach Spass-Demenskoje. Hier hatten wir in einem Blockhaus Quartier. In der Nähe war ein russisches Gefangenenlager. Ich sah die Feuer brennen und die Gestalten herumstehen. Unerwartet landete in einem Fieseler Storch GFM Kesselring und begrüßte uns. Am 8. hatte ich Fieber, aber ich schwitzte mich trotz der Wanzen aus und gesund. An diesem Tag wurde ich mit fünf anderen mit dem KVK II. Klasse mit Schwertern ausgezeichnet. Am 10.10. wieder weiter nach Juchnow. Es war eine Fahrt durch Schnee. Ein Vorkommando hatte schon ein paar Holzhütten belegt und wir brauchten uns um keine Unterkunft bemühen. Unangenehm waren die nächtlichen Bomben. Aus dieser Holzhütte stammt das orthodoxe Kreuz, welches in der Bibliothek hängt. Abfahrt war 14. von Juchnow durch Wald und hügeliges Gelände durch den Kessel von Wjasma. Eine Sondermeldung war ja wieder durchgekommen. Wir erreichten aber Gshatsk, unser Ziel, nicht und mussten 20 km südlich Gshatsk in einer Blockhütte mit SS zusammen übernachten. Das Quartier war so eng, dass ein Mann neben dem anderen lag und wenn sich einer umdrehte, musste sich dementsprechend eine ganze Reihe umdrehen. Am 15. früh holte man Pribil, den Kraftfahrer und mich zurück. Der Bekleidungswagen mit Jonasch war ausgefallen und wir mussten ihn abschleppen. Als wir die Autobahn Smolensk – Moskau kreuzten, begann ein Schneesturm und der hielt an bis wir in Gshatsk waren. Und dies im Oktober, ein feiner Vorgeschmack auf den Winter. Am Eingang der Stadt baumelten von einem Baum 3 Gehenkte. Partisanen. Ich hatte mich bei dieser Fahrt verkühlt, 39 Grad Fieber und Schüttelfrost.

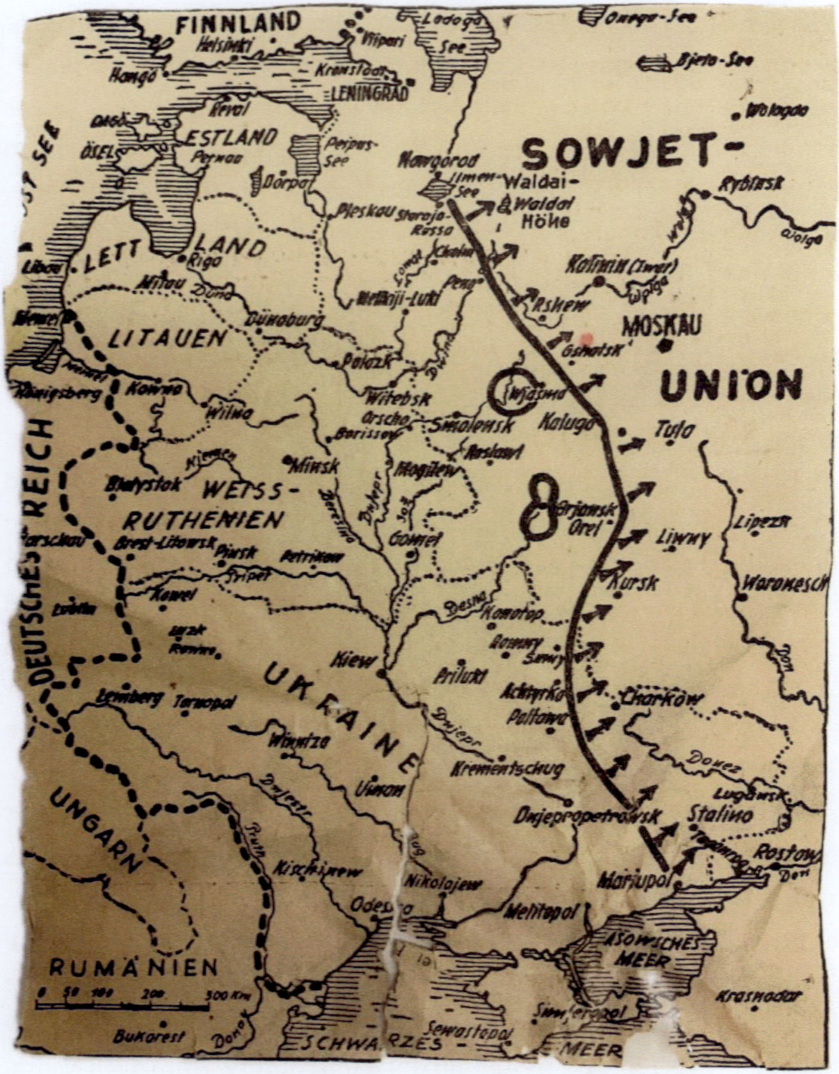


*Zeitungsauschnitt, Völkischer Beobachter vom 15. Oktober 1941*

Am 17.10. taute es und in den folgenden Tagen verwandelten sich die Straßen in Sumpf und Schlamm. Am 19. brannten um 2 Uhr früh in der Nähe zwei Häuser. Der Landser wusste sich in diesen Holzhäusern noch nicht zu benehmen. Am nächsten Tag erhielten wir Gewissheit, dass wir aus Russland herauskommen. In dieses selige Gefühl fielen am 25. Bomben so nahe, dass jeder dachte, erst wenn du wirklich einmal zu Hause die Türen öffnest, bist du daheim. Am nächsten Tage war eine Bombe nur 7 m von unserem Hause entfernt detoniert und es war wie ein Wunder, dass uns nichts geschah. Noch dazu war ich schon 47 Tage ohne Post. Dieses Erlebnis mit den Bomben auch noch dazu, raubte mir völlig das Gleichgewicht. Endlich am 27.10., am 48. Tage, erhielt ich von Frieda einen Brief, der mich wiederaufrichtete, an den ich mich klammern konnte. Am 29. ging ich mit Jonasch in ein Frontkino. Kaum waren wir drinnen, es war gerade die Wochenschau, erbebte die ganze Bude. Bomben. Für den eigentlichen Film „Hallo, Janine“ hatte ich nichts mehr übrig. Als wir heimkamen, trugen sie 50 m von unserem Quartier die Toten und Verwundeten weg. Am 30. bekam auch Jonasch und Mazl Baumgartner das KVK.

Am 3.11. Beginn des Frostes. Und am 4. die Abkühlung für uns: Wir überwintern in Russland. Alle Urlaubsträume, alle Träume von einem Wiedersehen mit Frau und Kind, mit der Heimat, mit Buch und Musik versanken ins Nichts. Leitgeb Pritzl, ein Wiener Sozialdemokrat, den wir in Krementschug im Lazarett lassen mussten, starb dort. Auch ein Schlag für uns. Er war nämlich ein unermüdlicher Ermunterer und hatte auch in scheußlichen Tagen ein frohes Wort für jeden. Am 6. hatte es schon - 10 Grad. Am 7. schneite es. Die Wache bekam weiße Pelze und Postenschuhe. Wir verkleben jede Fensterritze. Am 8. bekomme ich 14 Briefe von Frieda. Am 13.11. sank das Thermometer auf minus 17 Grad. Gshatsk hatte mehrere große Saunen. Am 21. besuchte ich das erste Mal eine solche. Solche Besuche sollten noch oftmals erfolgen, wo immer wir in Russland Gelegenheit hatten. An diesem Tage sah ich das erste Mal Franzosen, die in der deutschen Wehrmacht dienten.

23.11. Überraschend bekomme ich Urlaub. Wie immer beim Militär, ohne Überraschung geht es nicht. Ab um 06:30 (in meinem Kalender steht noch, Vater zum Geburtstag schreiben, und nun bin ich an diesem Tage, am 12.12. daheim.) mit LKW über Wjasma nach Smolensk (24.11.), weiter mit der Bahn (Güterwagen) nach Minsk, Brest-Litowsk (25.11.), weiter nach Warschau, Breslau (26.11.). Um 1/2 7 Uhr früh weiter über Glatz, Zwittau, Brünn, Wien an 16:30, Wolkersdorf an 18:30. Nun begann die selige Urlaubszeit. Am 3.12. mit Frieda und Traude in Wien.

Am 12.12. 75. Geburtstag von Vater Sosnowicz. Ich spielte am Cello das „Lied an den Abendstern“ aus Tannhäuser. Im Namen des Gesangsvereines kam auch Obl. Schindler gratulieren. Aus dem Gehabe erkannte ich sogleich, dass hier ein geeichter Nazi stand. Nur immer „Heil Hitler“ usw. Es kam auch die Rede auf die Front und ich sagte unvorsichtiger Weise, dass nach meiner Schätzung der Krieg gegen Russland verloren sei. Betretenes Schweigen. Erst dann wurde es hell in mir und ich konnte aber mein Wort nicht mehr zurücknehmen. Dass von Schindler keine Anzeige kam, kann ich nur so deuten, dass meine Eltern im Verlaufe des Erlernens des Geigenspiels bei ihm an seiner Familie viel Gutes getan haben. Ansonsten wäre ich bei einer Anzeige nicht allzuleicht davongekommen. Wie immer, der Urlaub verging zu schnell, Weihnachten stand vor der Türe.

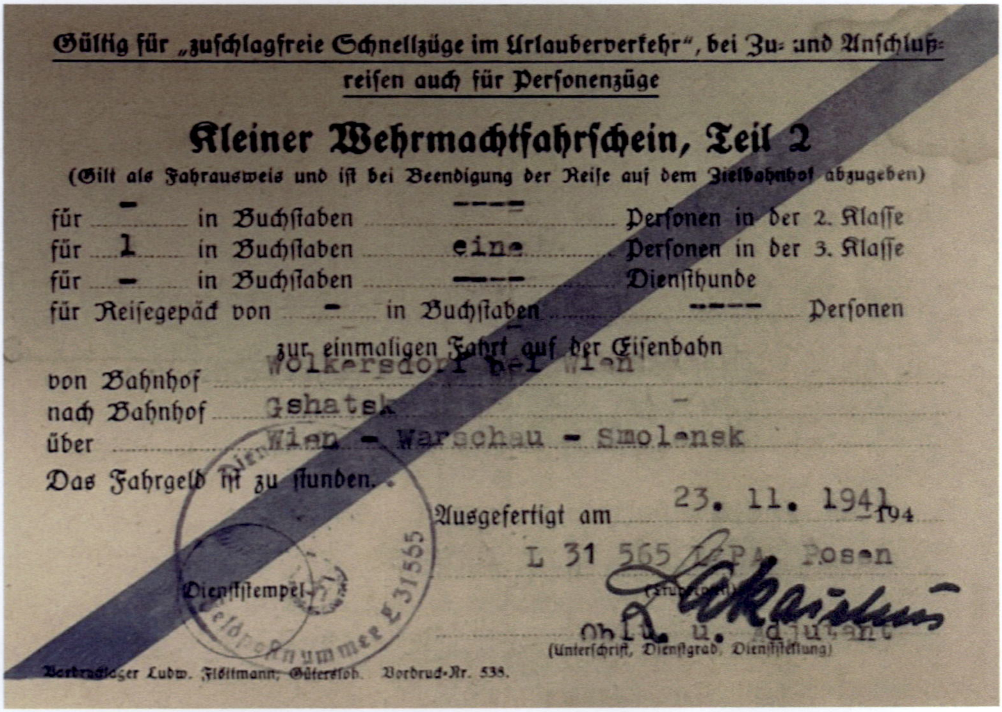
Gültig für „zuschlagfreie Schnellzüge im Urlauberverkehr“, bei Zu- und Anschlußreisen auch für Personenzüge

**Kleiner Wehrmachtfahrschein, Teil 2**

(Gilt als Fahrausweis und ist bei Beendigung der Reise auf dem Zielbahnhof abzugeben)

für – in Buchstaben ---- Personen in der 2. Klasse
für 1 in Buchstaben eine Personen in der 3. Klasse
für – in Buchstaben ---- Diensthunde
für Reisegepäck von – in Buchstaben ---- Personen

zur einmaligen Fahrt auf der Eisenbahn

von Bahnhof Wolkersdorf bei Wien
nach Bahnhof Gshatsk
über Wien - Warschau - Smolensk

Das Fahrgeld ist zu stunden.

Ausgefertigt am 23. 11. 1941

L 31 565 LgPA Posen

Dienststempel

Feldpostnummer L 31555

Oblt. u. Adjutant
(Unterschrift, Dienstgrad, Dienststellung)

Vordrucklager Ludw. Flöttmann, Gütersloh. Vordruck-Nr. 538.

*Fahrschein von Wolkersdorf nach Gshatsk*

Ich musste wieder fort. In eine ungewisse Zukunft, in eine feindliche, in wahrstem Sinne feindlichste Welt. 15.12.41 wieder Abschied. Mittag 1/2 1 Uhr. Der Autobus stand am Platz und ließ durchs Fenster unbarmherzig den Blick auf unser Heim offen. Frieda saß neben mir und dachte genau dasselbe. Werde ich wieder 235 Briefe schreiben müssen, ehe wir uns wiedersehen? Fahrt nach Wien, Besuch bei Schmatz,

Fahrt zum Nordbahnhof. Ich traf einen Klosterneuburger, der dieselbe Strecke fuhr wie ich, wenigstens bis Smolensk. Gegen 17 Uhr fuhr der Zug. Das letzte Mal die geliebte Hand in meiner, Mund an Mund noch, fort und fort, bis wir schon fuhren.

Bei Gerasdorf letzter Blick in Richtung Wolkersdorf. Es war schon dunkel. Ich hatte allein eine Bank und schlief bis zum Morgen. Wir waren schon im „Generalgouvernement". Am frühen Nachmittag des 16. kam ich in Warschau an. Nun begann eine Fahrt, die ich nie vergessen werde. Von Warschau-Ost aus um 15 Uhr ein Zug nach Terespol. Bummvoll! Die Polen hingen wie Trauben auf Trittbrettern und Puffern. Doch in Biala-Podlaska wurden wir schon auswaggoniert. Es wurde bekanntgegeben, dass in Brest-Litowsk nicht ein Platz zum Übernachten wäre. So blieb ich in Biala-Podlaska in einer Baracke. Es regnete und es regnete durch. Nass, kalt, voller Gedanken an den Urlaub schlief ich endlich ein, doch bis in die Träume verfolgten mich noch die Lieder, die Traude sang. „Wir sind die Friesenkinder" oder „Heute wolln wir Hafer sneiden".

Am 17.12. fuhren wir mittags weiter nach Brest. In Brest gute Hoffnung auf Weiterfahrt. Um 17 Uhr geht ein Zug über Minsk nach Smolensk. Es wurde auch dieser Zug ausgerufen und ich eroberte einen Platz. Es wurde Nacht und der Zug stand noch immer, nur ab und zu kam eine Lok und heizte durch. So ging es bis 8 Uhr morgens des 18.12. Dann fuhren wir unendlich langsam und abends war der Zug in Baranowitsche. Hier gab es wenigstens ein heißes Getränk. Hier dasselbe Spiel wie in Brest. Jeder suchte im Sitzen zu schlafen, was nach mehrjähriger Erfahrung halb und halb gelang. Der 19. dämmerte herauf und wir standen noch immer in Baranowitsche. Nun kamen die Gerüchte. Die Russen seien bei Kaluga und Gshatsk durchgebrochen, darum funktioniere der ganze Bahnbetrieb nicht mehr. Ich dachte nicht daran, Weihnachten allein auf einem Bahnhof zu verbringen. Ich entschloss mich auf jeden Fall weiterzukommen. Da lief ein Lazarettzug ein, der frontwärts fuhr. Ich bemühte mich nicht vergebens um einen Platz und um 12 Uhr ging es weiter ostwärts. Der Schwerverwundetenzug bestand aus Wagen, in denen Betten, je 2 übereinander, im ganzen 16, standen. Ich hatte ein ganzes Bett für mich. Nun ging es über Minsk und am 19.12. um 17 Uhr war ich in Orscha. Da geht es sich also doch aus bis zum 24. in Gshatsk zu sein. Aber in Orscha stand der Zug 1 Stunde, 2 Stunden, eine Nacht und einen Tag. Endlich am 20. mittags ging es weiter Richtung Smolensk.

Für diese 120 km benötigte ich 18 Stunden. Wenn da nicht irgendwo ein geheimer Widerstand dahintersteckte, ich weiß es nicht. Am 21. früh in Smolensk. Zur Frontleitstelle um Auskunft. Ich hatte Glück, fand einen Trupp von uns und konnte übernachten. Und hatte außerdem noch einen schönen Abend mit Musik, denn es spielte Edgar Schmeckenbecher. Am 22.12. fuhr ein PKW nach Gshatsk und ich konnte mitfahren. Es war schon ziemlich kalt, Schnee lag auf der Autobahn und um 14 Uhr kam ich in Gshatsk an, ich musste erst nachdenken, heute ist Montag, da war ich über eine Woche unterwegs. Nun erhielt ich auch Klarheit. Während meines Urlaubes war unsere Abteilung noch weiter nach Osten bis Rusa und Moshaisk vorangekommen, hielten aber dem Druck der Russen nicht stand und mussten wieder zurück nach Gshatsk. Ob die Russen weiterdrängen?

Wahrscheinlich werden auch wir noch aus Gshatsk müssen. Wann? Also die besten Nachrichten gerade nicht. Doch Weihnachten war jeder mit seinen Gedanken bei den seinen und auch wieder da, um eine kleine Feier würdig zu gestalten. Wir schmückten einen Raum ganz in Tannengrün, fertigten Birkenleuchter an, putzten einen Christbaum, um so eine gemeinsame Feier zu begehen. In unserem Geschäftszimmer stellten wir auch ein Bäumchen auf, um auch in nächster Nähe eine Ahnung des hohen Festes zu haben.

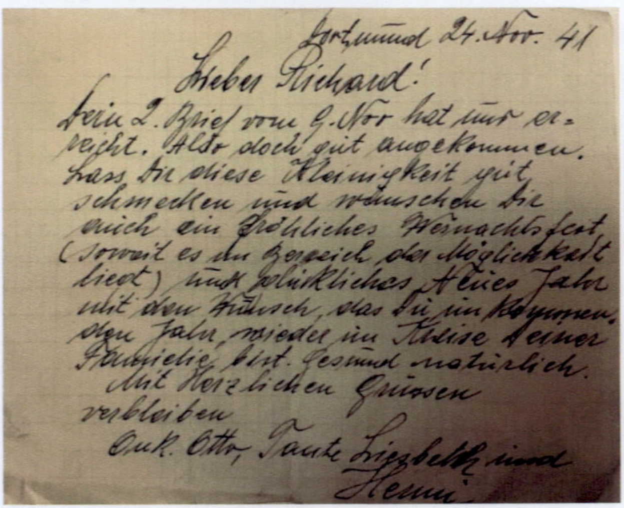

*Brief von Familie Otto Galler vom 24.11. 1941*

*Dortmund, 24. Nov. 41*

*Lieber Richard!*
*Dein 2. Brief vom 9. Nov hat uns erreicht. Also doch gut angekommen. Lass dir diese Kleinigkeit gut schmecken und wünschen Dir auch ein fröhliches Weihnachtsfest (soweit es im Bereich der Möglichkeit liegt) und glückliches Neues Jahr mit dem Wunsch, dass du im kommenden Jahr, wieder im Kreis deiner Familie bist. Gesund natürlich.*
*Mit herzlichen Grüßen verbleiben Onk. Otto, Tante Liesbeth und Hermi*

## Der Winter 1941/42 in Russland

Hl. Abend 1941. Der Stab saß beisammen sang „Stille Nacht" und „Es ist ein Ros entsprungen" und feierte Weihnachten. 2000 km von daheim, knapp vor Moskau. Vor einem Jahr war ich daheim, wo werde ich in einem Jahr sein. Jeder bekam Trinkbares, Zigaretten und als Überraschung sollte der Weihnachtsmann (Stobbe) und Knecht Rupprecht (Bauer) die Geschenke der Lieben in der Heimat verteilen. Leider versagte die Post. Es war nur ein Bruchteil zur rechten Zeit angekommen. General Deßloch nahm kurze Zeit an unserer Feier teil. Am Christtag hatte ich von 3 bis 4 Uhr Wache und verrichtete so im Gedanken meine Christmette. Die Tage zwischen Weihnachten und Neujahr brachten Kälte. Wir wohnten in einem Holzstockhaus, unten war das Munitionslager, oben wir. Silvester wurde gründlich gefeiert. Die FLAK schoss um Mitternacht aus allen Rohren. Das Neujahr 1942 brachte uns am 2.1. – 35, tags darauf 43 Grad Kälte.

Am 4.1.1942 erlebte ich bei minus 42 den ersten Bombenangriff in diesem Jahr. Wir auf einem Munitionsdepot, alles stürzte ins Freie. Nach dieser Nacht des Schreckens gab mir Gott ein Buch zu lesen, das mich vollkommen aufrichtete. Ein Buch von katholischer Gläubigkeit geprägt „Die 3 Begegnungen des Baumeisters Wilhelm". Die Post funktionierte überhaupt nicht mehr. Die Truppen gingen zurück, der Traum von der Einnahme Moskaus war ausgeträumt, wir rieten, wann wir wohl abziehen werden. Mich bewegte der Gedanke, was ich wohl heuer Frieda zum Geburtstag schenken werde. Da fertigte Heinz Beisker eine Bleistiftzeichnung von mir an und ich hatte ein Geschenk für meine liebe Frau. Es wüten Schneestürme, es ist bitter kalt. Kein Wagen springt an, aber die Russen kommen pünktlich mit ihren Flugzeugen. Die haben keine Kältesorgen. Wir haben Holzsorgen. Frisches Holz glimmt nur. So werden Holzzäune umgemacht, ja ganze Holzhäuser, die von Bomben beschädigt, abgerissen. Am 16. erhielt ich den 1. Brief von Frieda.

Am 17.1. kam durch, wir verlegen nach Smolensk. Wir packten und am 18. ab. Es hatte nur - 15 Grad und wir hofften, die Fahrt von 240 km bald hinter uns zu haben. Doch kamen wir am 1. Tag nur bis zu den Dnjeprbrücken hinter Wjasma. Die Brücken wurden von den Partisanen gesprengt und der Verkehr darüber war langsam und schwierig. Ich fuhr mit Stobbe. Da ging unser Wagen kaputt und wir wurden geschleppt. Wir übernachteten in einem Bauernhaus in Troize. Es dauerte über eine

Stunde bis unsere Konserven aufgetaut waren. Dann aßen wir. Im selben Raum lagen die Russen. Eine alte Frau, ein Kind in einer Hängematte. Eine jüngere Frau und ein uralter Mann. Vor einem Heiligenbild brannten Kerzen. Die alte Frau schien ununterbrochen zu beten und bekreuzte sich immer und immer wieder. Wir geben von unseren Konserven ab. Nie werde ich diese Dankbarkeit vergessen.

Am 19. früh - 30 Grad, nach 50 km auch der LKW kaputt, der uns schleppte. Nur ein einsames Bauernhaus auf weite Sicht und wir beschlossen, dort zu übernachten. In dieser Nacht habe ich die meisten Wanzen in meinem Leben gesehen. Aber es war ein Dach über dem Kopf. An diesem Tag beobachtete ich Stobbe und sah, dass auf einmal seine Nasenspitze weiß wurde. Alarm. Ganz vorsichtig mit Schnee massiert und immer wieder, bis wieder Blut die Nase füllt. Nicht einen ist es passiert, dass er beim Nasenputzen auf einmal seine Nasenspitze in der Hand hatte. In der Gefangenschaft traf ich so einen Nasenlosen. Am 20.1. zog uns ein fremder LKW nach Jarzewo und ein Wagen der dritten Kompanie endlich bis Smolensk. In S. kein Quartier. Mit Zivilisten teilten wir eine Wohnung. In den nächsten Tagen schneidender Wind und - 40 Grad. Dabei jede Nacht Bomben. Statt Brot gab es Mehl und die Russin backte uns Brot. Dabei erreichte uns die Nachricht, dass wir in den nächsten Tagen wieder nach Wjasma müssten. Einstweilen war aber die Autobahn noch gesperrt, da die Russen westlich Wjasma durchgebrochen sind. Außerdem waren unsere Wagen nicht fahrbereit. Am 6.2. versuchten wir zu fahren. Wir kamen aber nur 20 km und mussten wegen Motorschadens zurück. Dabei erfror ich mir eine Zehe.

Der 7.2. brachte mir Bilder vom Urlaub. Alles war vergessen und ich lebte einige Stunden wieder im Traum der Heimat. Am 9.2.42 endgültige Abfahrt. In Jarzewo übernachtet und am 10. abends in Wjasma an. Der Russe war nahe an der Stadt und die Artillerie böllerte Tag und Nacht. Jede Nacht dazu noch Bomben. Es wurde März. Von einem Nachlassen der Kälte keine Spur. Am 1.3. - 29 Grad. Gut, dass wir in einem gemauerten Bau lagen und so den Sturm nicht so spürten. Einmal erwischte eine Bombe eine Unterkunft in der Nähe. Die Toten konnten erst nach Sprengung von Löchern bestattet werden. Am 6. gingen auch unsere restlichen Fenster dahin und es blieb nichts übrig als Pappe. Ersatz, Ersatz wo du hinsiehst. In dieser Zeit kamen auch die Sammelergebnisse der Heimat an Textilien für die Front an. Stobbe stand da, mit einem langen Pelzmantel und einer Boa umgetan. Pudelhauben gab es in allen Formen und aus allen Material. In dieser Zeit funktionierte auch die Post wieder besser und ich bekam Päckchen von Frieda mit süßen Keks und Krammeln.

19.3. - 34 Grad

20.3. Weihnachtspäckchen von Frieda mit Tannengrün erhalten. Ich nahm es als Frühlingsgabe.

*Weihnachtswünsche aus weiter weiter Ferne*

21.3. - 30 Grad

26.3.   0 Grad

29.3. - 12

30.3. - 19

5.4. - 8. Ostersonntag „Der Heiland ist erstanden“. An diesem Tag machte ich mit Jonasch einen kleinen Osterspaziergang. Weit war noch des Land verschneit. Die Wjasma hatte noch eine dicke Eisdecke. Nur die Weiden hatten, wie in der Heimat, einen leisen roten Schimmer, der den Frühling, der kommen wird, ahnen lässt. Wir wollten auch in die russische Kirche. Diese war aber überfüllt und wir fanden keinen Einlass. In Gshatsk wie in Wjasma hatte ich wöchentlich Gelegenheit zum Besuch einer Sauna. Ich blieb den ganzen Winter von Läusen verschont. Nicht so gut ging es einem Leutnant und einem Uffz., die an Fleckfieber starben. Dabei waren alle Häuser gekennzeichnet, in denen es Fleckfiebertote gab. Sie suchten ein Mädchen und fanden den Tod.

Am 9.4. besuchte ich bei einer Flakeinheit einen Film und als ich gegen 17 Uhr heimkam, war meine Beförderung zum Feldwebel da. Die Feier mit den übrigen Beförderten war entsprechend der Überraschung. Nun bekam Frieda wieder mehr Kriegsbesoldung, denn mit der Beförderung stieg auch die Besoldung. Der 12.4. brachte die Wendung. Es sang erstmalig die Lerche und die russische Weite begann sich in Wasser und Schlamm zu verwandeln. Am 16.4. verlegen wir nach Smolensk. Ein richtiger Frühlingstag, und lag in Wjasma noch viel Schnee, gab es in Smolensk fast keinen mehr. Übernachtet im Waldlager bei Smolensk.

Abends verglich ich die Fahrt vom Jänner (Gshatsk – Tjasna – Smolensk) mit der vom heutigen Tage. Es war nur ein Gefühl des Dankes in mir, dass ich diesen Winter gut überstehen durfte. Am 17. zogen wir wieder um, uzw. in das Quartier, wo wir schon im Jänner lagen, und die Zivilisten kannten uns gut und hatten uns gern. Am 16.4. zogen wir wieder ins Waldlager, ins endgültige Quartier. Als Begrüßung pfiffen abends die Bomben, dass die Fenster klirrten. Auch kein Wunder, wo wir doch direkt am Flughafen lagen und in nächster Nähe eine Flakbatterie in Stellung war. Aber landschaftlich war es sehr schön. Wald und Wasser, und hier erlebte ich den Frühling. Tief erschüttert beobachtete ich das werdende Grün, die ersten Blumen, Primeln und Leberblümchen und später die Veilchen. Es wurde Mai. Am 12. sah ich die erste Schwalbe und am 14. Mai sang die Nachtigall. Bald rief auch der Kuckuck. Ich beobachtete, dass die Nachtigallen nur im stärksten Flakfeuer zu singen aufhörten, zu singen aber gleich wieder begangen, trat eine Pause ein.
21. Mai. Namenstag von Frieda „Denn dies ist wunderbar“... Ganz in der Nähe gab es wieder Badegelegenheit und Kino.

## Verlegung der Ostfront

Pfingsten 24.-25. Mai.

Am Pfingstsamstag brachte mir ein Brief von Frieda die Nachricht, dass Dr. Alois Schuster in Smolensk sei. Ein Mann der Feldpost kann Auskunft geben. Ich fuhr sofort zur Stadt und traf am Postamt diesen Mann. Mechtler aus Ladendorf, der durch Wolkersdorf vom Urlaub zurückfuhr und auch den Brief von Frieda mitnahm. Wir verabredeten uns für Montag. Mechtler wird mich zu Dr. Schuster führen. Am Pfingstsonntag war ich im Wehrmachtssender Smolensk bei einem bunten Abend. Am Montag traf ich mit Dr. Schuster zusammen. Wir tranken Wein vom Weingut Lorenz Rögner aus Obersdorf und verbrachten ein paar schöne Stunden außerhalb des Hakenkreuzbereiches.

Am 26.5. wieder Umzug und zwar ein paar km weiter nach Krasny Bor. Doch ist es schließlich gleich, ob man 2 oder 200 km verlegt. Alles muss verladen werden und das verursacht immer wieder eine kleine Aufregung. Das Quartier musste immer peinlichst rein verlassen werden, denn eine Einheit wartete schon wieder und wenn man da nicht kontrollierte, ließen diese Sauhunde (wie Ofw. Müller immer sagte) den Scheißdreck Scheißdreck sein. Es war wieder ein Lager im Wald und Wasser war in der Nähe.

31. Mai. Unser Hochzeitstag. Zur Stunde unserer Trauung fuhr ich auf einen Nebenarm des Dnjepr und lebte ganz in der Erinnerung. 1936: Glocken, Blumen und Musik und zur Nacht „Ich liebe dich“. 1942: Krieg, Ferne, Sehnsucht, aber ein ebensolches „Ich liebe dich“.

5.6. Mazl Baumgartner kommt vom Urlaub zurück und bringt Grüße und Gaben der Heimat. Er war mit Frieda und Traude zusammen und das Erzählen wollte kein Ende nehmen.

Mit Beginn der warmen Jahreszeit hatte sich meine Gesundheit wieder gebessert. Frieda habe ich natürlich von meinen Herzbeschwerden, Angstträumen und meiner Nervosität nichts geschrieben. Jedenfalls war Mitte Mai davon nichts mehr zu spüren. Aber auch seelisch wurde ich gewandelt. Ich spürte, dass ich in einen neuen Abschnitt meines Lebens getreten war. Alle Romantik, die ich noch von meiner Jugend her in mir trug, war dahin. Nicht, dass ich nicht mehr vom Traum lebte aus jenen Tagen, dass sich in meinem Verhältnis zu meinen geliebten Mörike, Hoffmann,

Hölderlin etwas geändert hätte, sondern in mir selbst war jenes gestorben, was jene dazu gemacht hat. Sagte ich früher, dies ist schön, so ging ich in dieser Schönheit auf, ohne zu fassen was dahinter steht. Ich glaubte eben an eine ewige Schönheit. Dies nahm mir der Winter 41/42. Ich lernte begreifen, dass ich nur eines tun müsse: Das Göttliche in mir wahren. Wenn ich dies kann, ist es der Tat genug. „Äußere Tat wiegt gar nichts gegen die innere." Das Wort dringe wie der Regen in den Baum, Blatt und Ast halten es auf und sieben den köstlichen Rest, der zu den Wurzeln dringen darf.

Wir spürten, bald sollten die Tage im Waldlager bzw. Krasny Bor zu Ende gehen. Ich besuchte die Stadt noch so oft ich konnte, deckte mich bei der Frontbuchhandlung mit Büchern ein, staunte über die Schönheit der Kathedrale, die jetzt wieder kirchlichen Zwecken diente, bis zum Einmarsch aber als Warenlager benützt wurde. Magasin sagten die Russen.

9.6.1942 Abfahrt von Smolensk. Richtung Wjasma. Wir kamen nicht weg aus dem Mittelabschnitt der Ostfront, es war nur ein vor und zurück. Kurz vor Wjasma traf ich den Wolkersdorfer Leopold Ness aus der Spitalgasse. Wir begrüßten uns freudig. Er war zu Fuß bei der Infanterie. Ich hatte es besser. Er sollte die Heimat nicht mehr sehen. In Wjasma konnten wir nicht weiter. Die Straße Richtung Rshew war nicht zu befahren. Also übernachten im Bekleidungswagen. 11.6. Weiterfahrt nach Medwedkowa, halben Weges zwischen Sitschewka und Wjasma. Das Dorf zählte an die 20 Häuser, von denen wir die Hälfte belegten. Die ersten Arbeiten bestanden im Latrinenbau, wohnlichem Einrichten der Hütten und Bau eines Kinosaales. Dazu wurde eine Kolchosscheune umgewandelt.

Das Land ist leicht gewellt, das Auge stößt überall auf Wald. Gleich hinter unserem Hause fließt die Wasusa, ein Nebenfluss der Wolga. Es ist kaum zu glauben, dass hier im Norden die Wolga zu suchen ist, doch sie entspringt ja in den Waldaihöhen. Am anderen Ufer liegt Lipitzi, der Hauptsitz der Kolchose, zu der auch unser Dorf gehört.

17.6. Oberstlt. Vespermann, seit 8.5.1939 unser Kommandeur nimmt Abschied. Neuer Abteilungskommandant Major Rauterberg. Zum Abschied sagt er in seinem schnarrenden Ton: Wenn ich bei euch geblieben wäre, ihr werdet alle Offiziere geworden. (Wer schon wollte?) In diesen Tagen grollt die Artillerie ununterbrochen, bei Rshew ist ein Kessel gebildet (21.6.). 22.6. In unserem Kinosaal erste Vorführung

„Frau Luna“ und „Kellnerin Anna“. Außerdem singt und spielt eine bayrische Truppe Fronttheater. Purer Blödsinn.
24.6. Besichtigung durch General Reimann.
28.6. Walter Krexner kurz telefonisch gesprochen, außerdem gab es an diesem Tage Bier. Obwohl es Mittsommer ist, ist kein richtiges Badewetter und es bleibt nur die Sauna. Fast jede Hütte hatte am Ufer der Wasusa eine solche. Primitiv, wie ein „Häuschen“ mit Feuerung und riesigen Kieselsteinen, die bis zur Glut erhitzt werden. Dann Wasser aus der Wasusa geholt, übergossen und das Dampfbad ist fertig. Jener Russe, der unsere Hütte bewohnte, er musste ausziehen, als wir kamen, bereitete mir so oft ich wollte dieses Vergnügen, ja er klopfte mich dann auch noch mit Birkenreisern ab. Einmal hatte ich Pech. Meine Taschenuhr fiel mir in die Latrine. Mein Freund, der Russe holte sie heraus. Er wusste gleich, wen er in mir hatte. Er bekam immer zu essen von mir und, als es dann später kalt wurde, heizte er den Ofen und ich ließ ihn dann auch gegen die Vorschrift auf dem Ofen schlafen.
Juli 1942. Anfang Juli wurde es heiß. In meinen kurzen Notizen zu diesen Tagen steht immer: Morgenbad, den ganzen Nachmittag geschwommen. Die Hitze lässt die ersten Erdbeeren reifen. Der Fluss spendet Hechte, Agel Willi aus Wiener Neustadt fängt sie, die gebacken herrlich schmecken.
17.7. Mazl Baumgartner fährt auf Ernteurlaub und ich gebe Brief und Grüße an Frieda mit. Ich wusste ja nicht, dass ich auch bald auf Urlaub fahren sollte. In unserem Saal gibt es einen bunten Nachmittag, am 24.7. einen Vortrag „Der russische Mensch“ und am 25.7. den Film „Der große König“ (Friedrich der Große). Richtige Nazikost.
26.7. Walter wieder gesprochen.
27.7. Ofw. Müller sagt mir, dass ich noch diese Woche auf Urlaub fahren sollte, allerdings ohne Platzkarte. Ich war sprachlos.
28.7. Nachmittags trabe ich mit einigen Kameraden der 1. Kompanie los und fahren um 19:15 von Nowo-Dugino (die Bahnstation) ab. 29.7. 5 Uhr früh in Smolensk. Wir sollten mit Kraftfahrzeugen bis Warschau, aber kein Fahrzeug war aufzutreiben. Also, nun heißt es mit der Eisenbahn (40 Mann oder 6 Pferde, wie die Aufschrift hieß) schwarz an die Grenze zu gelangen. Um 1/2 9 Uhr geht ein Leertransport nach Ostpreußen. Also rein. Es ging über Witebsk, Polozk, Dünaburg und am 31.7. rollten wir um 2 Uhr früh durch Kowno. Der Transport sollte kontrolliert werden und wir

wären unweigerlich hinausgeflogen, wäre nicht ein Fliegerangriff gekommen und der Zug fuhr ab. Um 5 Uhr früh war ich in Wirballen. Nun kam die Entlausung und die bitteren Stunden des Wartenden, ob alles glatt gehen würde ohne Platzkarte. Und es ging alles gut. Ich wurde sogar Wagenältester und fuhr um 20 Uhr ab. Es ging über Eydtkau. Das Land lag im letzten Tageslicht. In den weiten Wiesen stolzierten die Störche. Sollten sie mir ein Symbol für den kommenden Urlaub werden? Weiter über Insterburg, Allentstein, Posen, Breslau und am 1.8. nachmittags rollte ich durch Mähren, Brünn, Lundenburg und kam um 19:30 in Wien an. Um 21:30 schloss ich Frau und Kind in meine Arme.

2.8. Obwohl noch müde, war mein erster Gang zur Kirche und zum Tisch des Herrn. Der kommende Urlaub lässt sich nur mit einer Hochzeitsreise vergleichen. Meine Frau gab mir die ganze Liebe und ich die meine. Unsere ganze Zärtlichkeit war darauf gerichtet, diese Tage zu den schönsten zu gestalten. Der Himmel schenkte herrlichstes Wetter. Traude war selig. Radpartien und Spaziergänge wechselten einander ab. Einmal begegnete uns auf der Brünnerstraße eine Kolonne SS und ich sagte zu Traude: Kind, das sind die Mörder, nicht nur von Dollfuß, sondern aller guten Menschen, die das Hakenkreuz hassen. Das Kind verstand mich zwar nicht, aber mir war leichter ums Herz. Am 13.8. kam Onkel Otto – seine Frau und Hermi waren schon hier – und Westfalen und Niederösterreich konnten sich – das letzte Mal war es im Februar 1940 – wieder die Hand reichen. Mück als Reg.Insp.a.Kr. besuchte mich. Mit Frieda und Traude war ich im Prater und mit Frieda und Annemarie Purkhauser im „Ronacher". Karl Krexner, der mir vor der Nase nach Schitomir fuhr, konnte ich leider nicht mehr sehen.

23.8. Der letzte Sonntag. 24.8., der vorletzte Tag des Urlaubes bildete eine Waldpartie mit Frieda, die uns die seligste Zeit unserer Liebe beschwor. 25.8. Mit Rebensteiner in Pillichsdorf. Der Abschied naht.

Ich bin etwas besorgt, da gleich nach meinem Urlaubsantritt, im Wehrmachtsbericht immer wieder der Name Rshew fällt. Rshew heißt Gebrüll. (Dazu noch einige Übersetzungen: Medwed heißt der Bär, Medwedkowa Bärendorf, Smolensk kommt von Smola = Pech, Pechgewinnung in den Wäldern. Shitomir kommt von Shiten = Weizen, Weizenfrieden.) Es sind schwere Abwehrkämpfe im Gange. Werde ich meine Truppe noch in Medwedkowa finden?

26.8. Wohl der schmerzlichste Abschied von allen Abschieden. Sah ich schon den Heiligenschein der werdenden Mutter über meiner Frau? Aber ich wusste, dass uns noch kein Urlaub so verbunden hatte wie dieser.
16:00 Abfahrt Wien Nordbahnhof. Lundenburg, Prerau, Oderberg, Myslowitz, Kielce, Radom, Deblin. 27.8 an Brest 12:00, ab 18:40 über Minsk, Orscha, Smolensk, Wjasma. 29.8. Novo-Dugino an 15:00.

Leider waren mir ab Orscha die Füße geschwollen, sodass ich die Bahnhofsanität – allerdings ohne Erfolg – belästigen musste. In Nowo-Dugino konnte ich keinen Schritt gehen, ich musste auf einen Panjewagen warten, der mich über die Hügelwellen in der untergehenden Sonne nach Medwedkowa brachte. Die Zeit kann ich so präzise angeben, da mir Frieda von Langeder eine Uhr besorgte – ein ganz großes Entgegenkommen vom Uhrmacher, einem alten Sangesbruder – mit Wehrmachtswerk sogar. Nach zwei Tagen Umschlägen mit kaltem Wasser und Ruhe waren meine Füße wieder in Ordnung. Auch ansonsten hatte sich nichts geändert.
30.8. Brief an Frieda. Werde ich wieder 160 Briefe bis zum nächsten Urlaub schreiben müssen?

Anfang September. Die Nächte bringen Fliegerangriffe und der Russe bemüht sich bei Rshew noch immer. Der Herbst zieht ins Land. Am auffälligsten färben sich die Birken, deren gelbes Laub sich grell vom dunklen Tannenwald abhebt.
8.9. Erster Brief von Frieda nach dem Urlaub. Die Nächte sind kühl und der 16.9. bringt den ersten Reif. Im Kinosaal gibt es jede Woche einen neuen Film. Aber ich wartete mit Ungeduld auf eine Nachricht von daheim.
26.9. Nie werde ich diesen Tag vergessen. Ein Herbsttag in seidener Bläue. Wie ein Glanz von außen, mein Glanz von innen. Frieda schreibt mir, dass wir ein zweites Kindchen erwarten dürfen. Die Störche in Ostpreußen hatten recht behalten.
27.9. Ein Tag wie der gestrige in seiner herbstlichen Schönheit. Ich streunte mit Mazl Baumgartner nach Lipitzi – über die Wasusa mit einer Fähre und besuchte eine alte russische Mühle am Fluss. In meinem Kalender schreibe ich die Worte „Ich will mein Herz zu deinem Herzen tragen".
Das Verhältnis mit den Einwohnern von Medwedkowa war denkbar gut. Es waren auch junge Mädchen da. Und in der Küche war eine Küchenhilfe aus Leningrad. Diese war eine Frau eines russischen Offiziers, fanatische Kommunistin, aber Hingshammer

Hansl aus Wels hat sie „GEZÄHMT“. Später dachte ich immer, ob diese Frau nicht eine Spionin war. Warum ist sie so weit geflüchtet und ausgerechnet in einem Dorf gelandet, wo sich ein Abteilungsstab befand. Da geschah etwas, was uns die Bewohner von Medwedkowa nicht verzeihen konnten. Die Herren Offiziere – nicht nur unsere, sondern auch vom Korps – feierten einmal im Standort der ersten Kompanie. Dazu luden sie auch Mädchen ein. Die gingen arglos hin, da sie bisher immer korrekt behandelt wurden. Aber wehe ihnen, als die Herren besoffen waren, wurde eine nach der anderen vergewaltigt. Aus war es mit dem Vertrauen.

## Der Winter 1942/43 in Russland

Oktober. Das Wetter ist besser als im Vorjahr. Anfang Oktober hatten wir in Spass-Demenskoje 1941 schon Schnee. Inzwischen hatten wir am Südausgang des Ortes eine Baracke aufgestellt. Mit Hilfe von Pionieren und Russen war es ein schöner Bau, der die Geschäftszimmer und zugleich die Schlafstellen der Schreiber aufnehmen sollte. Eingeweiht wurde diese Baracke mit einen U-Lehrgang. Alle Uffz., die im Kriege befördert wurden und noch keinen Lehrgang hatten, mussten daran teilnehmen. Also auch ich. Der Lehrgang selbst bringt mir Altes in Erinnerung. Exerzieren, Unterricht, im Schießen erhalte ich 1. Schießklasse in Karabiner und Pistole.

14.10. Erste Fotos vom Urlaub.

17.10. Russische Truppe im Kino. Ich sehe wunderschöne Volkstänze und höre Balalaika. 20.10. Ende des U-Lehrganges. Ich übersiedle wieder nach IV/a. 25.10. Kapelle Pat Bonen im Kino.

28.10. 1. Nordlicht. Kurz nach Sonnenuntergang zieht sich von den Plejaden bis zum Sonnenuntergangspunkt – also fast über den ganzen Himmel – ein weißer Schleier. Dann weiße Wolken im Perseus. Dauer 1/2 Minute. Gespenstisch leuchten die Sterne durch diese Erscheinung. Später ist der Schleierring unterbrochen, erscheint als Krone. Dauer ungefähr 1 Stunde.

29.10. 2. Nordlicht. Dieses war farbenprächtiger und viel bewegter. Dafür war aber nur der Westhimmel erfasst. Es waren wallende Schleier von rot bis gelb und blau und schließlich wieder eine Krone mit aufgesetzten Zacken.

31.10. Bomben auf Lipitzi, aber keine Toten und auch nicht viel Schaden.

1.11. Das Wetter ist nicht schön, aber fast noch warm. An diesem Nachmittag-Abend höre ich im Radio die grandiose 5. Symphonie von Anton Bruckner. Seither ist sie eine meiner Lieblingssymphonien.
3.11. Kino: „Der Weg ins Freie". (Uns leider nicht gestattet).
6.11. - 15 Grad, 8.11. wieder warmes Wetter. 13.11. Jonasch bringt mir Äpfel, Birnen und Nüsse von Frieda. 21.11. Abschied von Leichsenring, Drescher und Röhricht. Versetzung zur Luftwaffenfelddivision.
25.11. Beginn der Winteroffensive der Russen. In dieser Zeit denke ich auch viel an eine Versetzung und benachrichtige Frieda, dass sie nicht überrascht ist, wenn ich einmal als Infanterist nach Hause schreibe.
7.12. In die Baracke übersiedelt. Nun kann mein Freund, der Russe, der in unserer Hütte gewohnt hatte, wieder dort einziehen.
8.12. Stobbe fährt auf Urlaub. Ein russisches Begräbnis. Der Tote liegt sichtbar im Sarg. Der Sarg wird nicht auf den Schultern, sondern mittels Griffen in Armhöhe getragen. Ein Pope geht mit und nimmt die Einsegnung vor.
12.12. In Nowo-Dugino um Seife. Ich fahre mit einem Panjewagen, den ich selbst kutschiere. 13.12. Tauwetter. 15.12. Schnee. 19.12. mit einem Schlitten in Nowo-Dugino in der Marketenderei. Ich habe gute Filzstiefel, die mein Russe gemacht hat, und kann nicht frieren.
22.12. Frieda schreibt mir, dass sich das Kindchen schon in Bewegungen bemerkbar macht.
24.12. In Nowo-Dugino, Marketenderei. Stiedl Karli aus Wolkersdorf – Autobusstiedl – getroffen. Er ist bei einer Sturmgeschützabteilung. Abends Weihnachtsfeier in der Baracke. Von Frieda sind alle Päckchen eingetroffen. 25.12. In Nowo-Dugino ist Wehrmachtsgottesdienst. Ich fahre mit meinem Schlitten hin. 26.12. In Bukowo (1. Kompanie) spazieren. Nachts schwere Fliegerangriffe auf Wjasma und Sitschewka.
28.12. Ofw. Müller sagt mir, dass ich am 10.1.1943 auf Urlaub fahre.
30.12. In Sitschewka um Marketenderware. Der Russe schießt mit Artillerie herein. Die Verwüstungen des Fliegerangriffes vom 26.12. sind verheerend. Es gab auch dementsprechend Tote. Aber es ist ja immer dasselbe. Der Landser unternimmt ja nichts zu seinem Schutz. Es trifft mich ja nicht. Da war ich anders. Ich suchte immer

Deckung, wo es ging. 31.12. Silvesterfeier in der Baracke. Die Feier dauerte bei manchen bis 8 Uhr früh. Sowohl am 25.12. 1942 wie am 1.1.1943 Walter angerufen und Weihnachts- und Neujahrswünsche übermittelt.

4.1. Tauwetter, Föhn, Sturm. 6.1.1943 Frost - 12 Grad. Bisheriger Verlauf des Winters, 10 bis 12 Tage bewölkt, Temperatur um - 5 bis - 8, manchmal sogar Tauwetter. Dann 2 Tage klares Wetter mit 12-20 Minusgraden, dann wieder bewölktes und milderes Naturgeschehen.

7.1. Um 15 Uhr ab Medwedkowa nach Teljuschino, Standort der Gerätekolonne. Sammelplatz der Urlauber. Fritz Leister aus Neunkirchen ist Rechnungsführer dort. Ich übernachte bei ihm. Ich erlebe eine Überraschung. Der hat es sich ganz gemütlich eingerichtet. Eine junge Russin, die ihm die Hütte reinhält, ist auch zugleich sein Bettschatz. Leister ist nicht verheiratet und kann es sich leisten. Also, er weist mir meine Schlafstelle an und husch, ist die Russin zu Leister ins Bett geschlüpft.

8.1. Abfahrt nach Smolensk über Wjasma. An Smolensk 14 Uhr. Platzkarte für den 9.1.1943 beim Lw.Kdo Ost besorgt und in der Frontleitstelle übernachtet. 9.1. Abfahrt. 05:20 Smolensk ab, 11:00 Uhr Orscha (Am Bahnhof Gössl aus Rosenhof getroffen.), 17:00 Minsk, Lide, Wolkowysk. 10.1. 08:00 Bialystok. (Diesmal fuhr ich anders als bisher.) In Bialystok Entlausung und zwar von 01:00-03:00, also mitten in der Nacht. Aber was macht dies schon, wenn es heimwärts geht. Empfang des Osturlauberpaketes. Inhalt: Mehl, Salami, Schnaps, Zucker und andere Sachen, die in der Heimat streng rationiert sind. 18:30 Abfahrt. 12.1. 01:00 Warschau weiter Petrikau, Sosnowiecz, Kattowitz, Teschen, Sillein, Preßburg, Bruck a. d. Leitha. 13.1. 05:10 Wien Ost, 07:30 Wolkersdorf.

Wieder Tage des Glückes, des Friedens. Wir suchten schon nach Namen für das 2. Kind. Wenn es ein Bub wird, auf jeden Fall Reinhard Johannes, nach dem Dichter Reinhard Johannes Sorge, der mir durch Jupp Weinand nahegebracht wurde. Sorge, 1892 geboren (Brandenburg) und 1916 an der Somme gefallen, war der Schöpfer des ersten expressionistischen Dramas. Nach seiner Konversion verfasste er Mysterienspiele und religiöse Epen. Ein moderner Mensch, der den Frieden seines Herzens in beglückenden Sprachrhythmen ganz neuer Art fand. In diesen Tagen drangen zum ersten Mal Töne von der Front her, die den Parteibonzen aber schon gar nicht passten. An der Südfront eingesetzte Landser schrieben heim von Einkesselung,

einer (Traindl Rudi) wurde als Verwundeter ausgeflogen, manche Familien hatten schon wochenlang keine Post. Und dann mussten auch die obersten Stellen und das OKW sich bequemen zuzugeben, dass die 6. Armee bei und in Stalingrad eingeschlossen ist. Ich hörte trotz Friedas Protesten „Feindsender“ (Todesstrafe) und war ganz im Bilde. Die Einkesselung war ja schon am 19. November 1942 geglückt. Und was man jetzt bekanntgab, war nur mehr der Abschluss einer monatelangen Entwicklung. Am 30. Jänner wurde in Wolkersdorf der Tag der Machtübernahme gefeiert. Ich wurde persönlich eingeladen, in Uniform daran teilzunehmen. Ich war das erste Mal bei einer Parteiveranstaltung. Sie fand im Saale Eckensperger statt. Die Vorderwand war mit Hakenkreuzfahnen drapiert, am Podium ein Rednerpult und Pulte für Musik. Ich saß an einem der hintersten Tische. Punkt 19:00 ging es los. Herein marschierte Karl Zwieauer, Diem, Doppelmeyr, ich glaube auch Heinrich Wenzl jun., alles in Uniform. Die Besucher standen auf und hielten die Flosse empor. Schade, dass ich nicht meine Uniformkappe aufhatte, denn dann hätte ich salutieren können. Nach einem Musikstück bestieg Zwieauer das Podium und hielt in Hitlermanier seine Ansprache. Es wurden alle Durchhalteparolen aufgerollt, vom Endsieg gesprochen und der Sieg bei Stalingrad prophezeit. Wieder Musik, wieder Reden. Dank an die Soldaten, die jetzt die ganze Last und Verantwortung trügen, Deutschlandlied, Horst Wessel-Lied, aus.
Am 31.1. war mein Urlaub zu Ende. Ich muss noch einschalten, dass ich bei jedem Urlaub zusätzliche Verpflegungsmarken bekam und das Recht hatte, in der Winzergenossenschaft (im enteigneten Judenkeller Beer) 2 Liter Wein zu kaufen. Hätte ich nicht zusätzlichen Wein von Mutter und den Verwandten gehabt, herzlich wenig für eine Weingegend.

Am 1. Februar mit dem 2. Zug nach Wien. Frieda und ich standen im grauen, düsteren Ostbahnhof und nahmen Abschied. Frieda trug das 2. Kind unter dem Herzen. Es war sehr schwer. Noch ein letztes Winken und der Zug rollte über Preßburg, Sillein, Kattowicz nach dem Osten. Ich hatte einen Fensterplatz und schlief bis Warschau. Es war 05:15, in Wolkowysk kam ich um 14:00 Uhr an. Die Urlauberbaracken waren überfüllt und ich fand kaum einen Platz, um einen Kartengruß an Frieda zu schreiben. Aber es war warm, es taute. So konnte ich den „Völkischen Beobachter“, den mir Frieda in Wien noch zum Zug brachte, im Freien ungestört fertiglesen. Paulus war GFM geworden, d.h. Stalingrad aufgegeben. Am 3.2. ging es weiter. Über Slonin, Baranowitsche, Minsk (Schneesturm) und am 4.2. um 09:00 war ich in Smolensk. Ich hatte Aufenthalt, ich rief „Kiebitz“ (Deckname unserer Abteilung) an, ob vorne alles in Ordnung wäre! Ja. Um 12:30 ging es weiter. 21:15 an in Wjasma. Sternklare Nacht, minus 25 Grad, kein Fliegerangriff.

Der Russe hatte alle seine Kräfte (so nahmen wir an) nach dem Süden geworfen, wo sich inzwischen das Drama von Stalingrad vollendet hat. Von Bahnhof Wjasma bis zur Frontleitstelle, zugleich Übernachtung, hatte ich 1 1/2 Stunden zu gehen. Am 5.2. stand ich um 05:00 auf und begab mich zur Autobahn, um mit einem Kraftwagen in Richtung Rshew weiter zu kommen. Es stand nämlich nicht fest, wann ein Zug in diese Richtung verkehrt. Ich stand kaum auf der Abzweigung, es wurde gerade hell, und jedem Kenner dieses Stückes Russland ist es tief in die Gedanken geprägt, kam ein Lastwagen und hielt an. Nun noch zu diesem Stück Russland. Nach Osten zeigte das Straßenschild Gshatsk, Moshaisk, Moskau, nach Westen Smolensk, Minsk, nach Norden Sitschewka, Rshew. An dieser Kreuzung lag ein Kolchos mit einem hohen Getreidesilo und gleich unterhalb unterfuhr die Eisenbahn die Autobahn. Im Süd-Westen lag Wjasma. Also der Lastwagen hielt und ein bekannter Oberwm. der Flak nahm mich fast bis Medwedkowa mit, sodass ich schon um 09:30 in der Stabsunterkunft, in unserer Baracke in M., ankam. Die Temperatur betrug minus 28 Grad. Aber das Wetter wurde am 7.2. schon milder. Es setzten Schneestürme und Tauwetter ein. Die Front war hier so verzahnt, sodass Überläufer zu den Russen, gefinkelte Brüder, in die deutschen Verpflegungslager um Proviant fuhren. So erzählt von Hugo Bauer. Am 15.2. erhielt ich den ersten Brief von Frieda und die Verbindung war wiederhergestellt. Zur gleichen Zeit gingen auch die Gerüchte um die Räumung des ganzen Gebietes Rshew, Gshatsk, Wjasma bis Jarzewo, knapp östlich Smolensk.

Da noch ein Erlebnis. Schon in der Kaserne lernte ich einen einfachen Menschen, Oppermann, aus dem Rheinland, kennen. Er war Küster (Messner). Auch in Gladbach gingen wir manchmal aus. Wir brauchten über unsere politische Anschauung nichts verheimlichen. Dann verlor ich ihn aus dem Auge. Er war Fernsprecher und immer weitab vom Stab. Aber da tauchte er einmal abends auf und übergab mir einen hektografierten Brief. Es war eine Predigt, die Kardinal Graf Galen in Münster in Westfalen, angetan mit Mitra und Infel von der Kanzel seiner Bischofskirche gehalten. Er klagte das Regime an, das Konkordat gebrochen zu haben, der Kirche und jedem Staatsbürger die Freiheit genommen zu haben, er klagte an die Konzentrationslager, er forderte Gedankenfreiheit, er sagte kurz alles, was noch kein Mensch den Machthabern gesagt hatte. Und diese Predigt ging an der Front von Hand zu vertrauter Hand. Welch Aufmunterung. Galen wurde weder eingesperrt noch angeklagt. Die Führung wusste, nur keinen Märtyrer machen.

Am 18.2., dem Geburtstag meiner Frau, hieß es packen. Wir verlegen nach Smolensk. Es war angenehmes Wetter. Hinter Jarzewo kamen wir in einen Schneesturm und der Wagen bockte. Aber im Schlepp kamen wir bis Smolensk. Neues Quartier: Waldlager. Am 19.2. um 4 Uhr früh kamen wir an. Unser neues Heim lag am Südabhang des Lagers. Es kamen schöne Tage und wir sprachen viel vom Winter 41/42 in Wjasma, wo es am 19.3. noch minus 31 Grad hatte. Schon am 23.2. übersiedelten wir innerhalb des Lagers ins Haus 76, wo wir schon im Jahre 42 (April - Mai) Quartier genommen hatten. Der Russe bereitete unruhige Nächte und die Flak hatte über Smolensk vielerlei zu tun. Aber ich erlebte nur 2 Abschüsse.

Ich erfuhr indessen, dass Walter zum Lt. befördert wurde und kam auf Umwegen darauf, dass er ja auch in Smolensk liegt. Am 11.3. rief ich an und ließ mir sein Quartier sagen. Zu einem Besuch kam es nicht, da wir wieder einmal umzogen. Am 15.3. verlegten wir auf das linke Dnjeprufer außerhalb Smolensk in ein Dorf Jassenaya. Der Ort war nicht schlecht, aber er hatte keine Straßen. Jonasch, Stobbe und ich bewohnten das letzte Haus des Dorfes. Es gab einige Wanzen. Das Dorf liegt zwischen Hügeln und von überall taute lustig der Schnee herab, sodass wir einen ganzen Bach vor unserem Haus hatten.

So etwas gab es auch. Hugo Bauer hatte eine Kuh aufgetrieben. Aber wie das Fleisch aufbewahren? Er baute eine Selch. Und das geselchte Rindfleisch schmeckte bestens. Inzwischen kam die Verfügung über die Auflösung unserer Abteilung. Am 23.3. besuchte ich Walter in Smolensk im Haus der Flakgruppe Nord in der Stadtmauerstraße. Ich erhalte am 29.3. die Nachricht vom Tode des Nachbarn Leopold Albin Toifl und am 1.4. die vom Tode das Nachbarn Albin Krainers.
Ende März fand ich die ersten Palmkätzchen und mein Herz war in der Heimat. Die Zeit rückte näher, in der Frieda ihre schwere Stunde hat.

## Auflösung des II. Flak-Korps und der Abteilung

Am 1.4. waren wir aufgelöst. Wir bestanden seit 15.8.1939. Ich diente in unserer Abteilung unter Vespermann und Rauterberg. Von nun an besorgt die Nachrichtenverbindung die 18. Flakdivision, eine Luftnachrichten Betriebskompanie, die sich aus Teilen der 1. und 2. Kompanie und der Gerätekolonne zusammensetzt. Der Stab bleibt an sich bestehen und wartet auf neue Aufgaben. Aber wir übersiedeln wieder einmal. Wohin? Ins Waldlager Barack I. Es kommt Lätare. Die Welt wird schöner mit jedem Tag. Am 10.4.1943 besuchte ich die Kathedrale zu Smolensk unter kundiger Führung eines Kenners. Die Urlaubsperre wird aufgehoben, die am 20.1.1943, als ich gerade auf Urlaub war, einsetzte. Hugo Bauer und Spieß Müller fahren.

Am 18.4. Palmsonntag – ich hatte tatsächlich Palmkätzchen mit – ging ich im Deutschen Haus in Smolensk zu den Sakramenten. Es war ein Riesensaal, wahrscheinlich politischen Zwecken dienend, und es stand nicht nur der Wehrmachtspfarrer, sondern auch mehrere eingezogene Kapläne zum Bußsakrament zur Verfügung. 1 1/2 Stunden hin und eineinhalb Stunden zurück in Waldlager, der Vormittag war ausgefüllt.

20.4. Ich erhalte Nachricht, dass die Wechselbürgschaft Pleil endgültig für mich erledigt ist. Mein Vater hatte in seiner Güte dem „Bauern“ Josef Pleil – jetzt Bahnstraße – im Jahre 1932 eine Bürgschaft für S 8000,- abgegeben. Nach dem Tode meines Vaters kam ich als Erbe als Bürge daran und nur durch das Entgegenkommen der Leitung des Konsortiums Wolkersdorf wurde von einer Einverleibung auf meinen Besitz Abstand genommen. Wieder eine Sorge weniger.

Es wird viel von einem Flugmelderegiment gesprochen und auch der Kommandant, ein Major, stellt sich vor. In der Karwoche lese ich die Passionen nach den 4 Evangelisten, irgendwo im Freien im Waldlager.

25.4.1943 Ostersonntag. Wir haben ein kleines Beisammensein, nachmittags Kaffee und Torte, abends Wiener Schnitzel, Erdäpfelsalat, Bier. Hugo hat immer Reserven. Ich hatte eine bestimmte Ahnung von der Geburt unseres zweiten Kindchens und sagte zu Pribil „Vielleicht bin ich schon zum zweiten Mal Vater“.

Am 27.4. um 4 Uhr nachmittag bringt mir Stobbe das Telegramm, dass am 24.4.1943 um 9:10 unser Reinhard Johannes geboren wurde. In tiefer Dankbarkeit gegen Gott und in tiefer Liebe zu meiner Frau ging ich hinaus und sprach mein

Dankgebet. Dann schrieb ich meinen Brief an Frieda, mit der großen Freude, die mir diese Stunde gebracht hatte. Wäre Friede gewesen auf Erden, dann hätte es noch Glocken gegeben in meiner Heimat und diese Glocken hätten gerade zur Geburt von Reinhard die Auferstehung unseres Herrn Jesus Christus der Welt verkündet. Ostern fiel dieses Jahr auf den spätesten Termin. Das letzte Osterfest zu diesem Zeitpunkt war 1886, das nächste glaube ich im Jahre 2038.

Am 29.4. rief Walter an. Er ist vom Urlaub zurück. Am 30.4. besuchte ich ihn. Walter konnte mir schon vom ganzen Hergang der Geburt (Sturzgeburt), dem Aussehen Reinhards und vom Befinden Friedas erzählen. Reichbeschenkt von dieser Stunde ging ich ins Waldlager zurück und dabei schrie das erste Mal der Kuckuck in Richtung Krasny Bor. Am gleichen Tag erhielt ich auch ein paar Zeilen von Frieda.

Der Wind schlug um. Er kam aus Südwest. Er brachte einen süßlichen Verwesungsgeruch mit sich. Vielleicht bettete man Wintergefallene um. Aber in den nächsten Tagen machte nicht nur bei uns, sondern weltweit der Fund des riesigen Massenvernichtungsgrabes Katyn die Runde. Natürlich war uns nur von Hitlers Gnaden Befohlenen versagt, dieses Massengrab zu besichtigen. Wir lasen nur, dass der „Führer“ alles einlud, um das Massaker zu besichtigen. Also, das waren die verbündeten Mächte und die Neutralen. Um was es sich handelt, brauche ich nicht zu schreiben. Es war ein Massengrab mit 4000 polnischen Offizieren, die vermutlich nach dem Polenkrieg von den Sowjets liquidiert hier vergraben wurden. Davon später.

4.5.1943 Umzug vom Waldlager in die Stadtmauerstraße Nr. 28 in Smolensk. Im selben Haus wohnt Walter. Noch am Abend Spaziergang mit Walter.

10.5. Erste Brief von Frieda nach der Geburt Reinhards.

16.5. Brief von der Taufe (9.5.1943) unseres Reinhard. Karl Wanecek als Täufer, Karli Krexner als Pate. Auch Muttertag heute. Bei den Sakramenten im Haus der Wehrmacht in Smolensk. Nachmittag im Sendesaal des Soldatensenders.

Kammermusik von Dworschak, Brahms und Chopin. Ausgeführt von Angehörigen der Luftwaffe. Das dankbarste Publikum, das ich bisher gesehen habe.

Mit Walter immer nach Dienstschluss unterwegs. Ich besuche oft die Wehrmachtsbuchhandlung. Gegenüber unserem Quartier befindet sich ein Kinoraum. 17.5. „Altes Herz wird wieder jung". 23.5. Gottesdient mit Walter. 24.5. Film „Heimliche Gräfin". 25.5. Musikalische Stunde bei der Feldpost. Vor dem Haus befindet sich das Denkmal des Komponisten Michael Glinka, der ganz nahe Smolensk geboren wurde. Programm: Rilke „Cornett". Mozart, Strauss (Richard), Bach, Cello-Solo. 21.5. Film Sommerliebe. 30.5. Gottesdienst. Wieder Kammermusik bei der Feldpost: Schumann, Quartett a-moll, Brahms, Klaviersonate fis-moll, Schubert, Forellenquintett. 31.5. Hochzeitstag. Kino „Fahrt ins Abenteuer". 1.6. Schwerer Fliegerangriff auf Smolensk. 2.6. Kino: „Kohlhiesls Töchter".

4.6. Es sickert durch: Wir verlegen nach Sofia.

5.6. In Katyn gewesen. Eine Hügelwelle, bepflanzt mit 2 bis 3-jährigen Föhren, das Geleise der Bahn geht knapp vorbei. Eine Holzbude und dann die Sicht in eine riesige Grabstätte. Die Leichen liegen über- und nebeneinander. Sie sind fast alle nackt. Die untersten Leichen liegen im Grundwasser. Ich kann nicht schätzen, wie viele Leichen es sind. In der Holzbude kann man sehen, was mancher Pole umgehängt hatte. Einen Rosenkranz, ein Kreuz, ein Bildchen der Gottesmutter von Tschenstochau. Man zeigt uns Leichen mit Genickschüssen. Der Geruch ist entsprechend. Wir lesen in den Frontzeitungen, dass die Sowjets die Deutschen beschuldigen, dass Massaker im Jahre 1941 nach der Einnahme von Smolensk begangen zu haben. Ich empfinde, dass die Föhrenbäumchen älter als 2 Jahre sind, die am Grab stehen. Auf jeden Fall wurde hier eine Schicht intelligenter Leute ausgerottet, die jedem Regime terroristischer Prägung im Wege stehen.

8.6. Kameradschaftsabend. Es kommt der Befehl: Wir fahren am 12.6.1943 um 6 Uhr früh.

11.6. Abschied von Walter, Packen der Wagen. Es ist wie ein Traum, dass wir nach 2 Jahren Russland endlich in ein anderes Gebiet, und wie es heißt, noch friedlicheres Gebiet verlegen.

12.6. Abfahrt. Wir sind schon seit Mitternacht auf. Die Nacht hat die nordische Helle in sich, die den Horizont im Norden nie ganz verblassen lässt. Die Dämmerung

wandert nur, um wieder groß und mächtig den Sonnenaufgang im Osten vorzubereiten.
12.6. 6:45 ab von Smolensk. Wir werden mit unseren 13 Waggons an einen Gütereilzug angehängt. Transportführer ist Stabsarzt Dr. Kindl und wohnt mit Insp. Piechotka und den Uffz. in einem Waggon. Die Mannschaft hat einen separaten Wohnwaggon. Also wir sind prima eingerichtet.
In Borrisow vor Minsk geht die Fahrt das letzte Mal vorbei beim Napoleonübergang über die Beresina 1812. Der Zug braust mit Eile durch das ebene Land, das jetzt im grünen Schmuck gar lieblich aussieht. Aber wehe, wenn über diese Flächen der Schneesturm bei minus 40 Grad tobt.
Um 20 Uhr sind wir in Minsk. Bis dahin hatten wir ein gefährliches Partisanengebiet hinter uns. Es geht auch weiter gut. Am 13.6. um 9:00 sind wir in Brest und um 12 Uhr im „Gen. Gouv." in Terespol.

Nun machen wir einen Umweg über Deblin nach Warschau-Praga und sind am 14.6. um 15:30 dort. Am 15.6. 02:00 ab von Warschau, über Petrikau, Tschenstochau. In Lazy werden wir umrangiert. Wie geht die Fahrt weiter? Über die Slowakei oder über Wien. Nun wir fahren über Wien. Mährisch Ostrau, Oderberg, Prerau, durch den schönen mährischen Garten, Lundenburg und ich bin bereits in meiner engeren Heimat. Hohenau, Dürnkrut, Angern, Strasshof. Vom Dach unseres Wagens sehe ich bereits Wolkersdorf im Feldstecher. Es ist schon abends und ich versuche vergeblich zu telefonieren. Ofw. Janks Frau erscheint in Strasshof. In der Nacht fahren wir nach Wien-Ost. Es ist der 17.6. Nun rufe ich sofort Hilde an und bitte sie, Frieda zu verständigen. Mit dem Zug um 9 Uhr 30 kommt sie nicht. Bleibt nur noch der Autobus. Wenn dann Frieda nicht kommt, sehe ich sie nicht mehr, da ich nur bis 14 Uhr Urlaub habe. Ich gehe auf den Gürtel hinaus und schon sehe ich Traude und Frieda. Leider war das Glück unseres Zusammenseins wirklich sehr kurz, denn wir rollten wirklich schon um 14 Uhr weiter. Traude hat im Gesicht eine Hautkrankheit. Zum Abschied hatte sich auch noch Hilde eingefunden.

Weiter ging es über Wr. Neustadt, dem Semmering und früh waren wir in Marburg (18.6.). Hier hatten wir Aufenthalt bis 19.6. 02:00 Uhr. Ich habe die Stadt besichtigt und Andreas Müller, der als Eisenbahner in Marburg Dienst tat, besucht. Ich wurde gut aufgenommen, auch von seiner Frau Ella und musste das Kind bewundern, das ebenfalls im April, ein Bub, gleichzeitig mit Reinhard zur Welt kam. Ich habe nur unendlich bedauert, dass dieser Aufenthalt nicht in Wien eingeplant war. Von hier aus schrieb ich auch die erste Karte. Durch die schöne Untersteiermark ging es zwischen Bergen und Flüssen an die Save, durch das Land des Klapotez. Von Zagreb sah ich nicht viel. Und dann kam das gefährliche Partisanengebiet. 2 Waggons vor die Maschine, langsame Fahrt. Kroatien glich einem Garten, mit Hügeln, Wäldern und fernen Kirchen. Über Sisek, Nowska, Mitrowica schlich der Zug mit vielen Aufenthalten und erst am 22.6. standen wir mittags in Semlin. Alter historischer, österreichischer Boden, hier schlug Prinz Eugen das Lager. Drüben lag Belgrad über der Donau. Eine weiße Stadt in der Nachmittagssonne. Ich badete kurz in der Donau. Abends fuhren wir weiter. Doch in Topcider, gleich hinter Belgrad, eigentlich zu Belgrad gehörend (Schloss usw.) standen wir die ganze Nacht. So ging es erst am 23.6. durch das Morawatal nach Nisch. Hier habe ich Hans Diwald getroffen. Er ist nicht mehr heimgekehrt.

### Einsatz in Bulgarien

Das Morawatal war links und rechts bestückt von Wäldern von Zwetschkenbäumen. Dort kommt er her, der Slivoviz: Zwetschke heißt Slivi. Bei Nisch sind schon die Ausläufer des Westbalkan zu sehen. In Nisch ist Kreuzungspunkt. Nach Osten Bulgarien, nach Süden Griechenland. Durch wildromantische Schluchten wand sich zur Passhöhe der Zug und rollte von da ab nach Sofia. Ankunft 24.6. abends. Schon von der Bahn konnten wir das Witoschagebirge und den mächtigen Wasserfall sehen. Am 25.6. entluden wir und nahmen vorläufig Quartier im Hotel Savoy. Zu arbeiten gab es noch nichts, so wurde durch die Stadt gestreunt. Herz und Magen erfreuten Obst und Gemüse, herrlicher Wein und das Auge konnte sich an einer wohlerhaltenen Stadt nicht genug sehen. Temperaturen bis 45 Grad waren nicht selten. Ich besuchte das Diana-Bad, das Maria-Luise-Bad (alles Heilbäder) und ich machte vor allem Päckchen für Frieda und Traude. Was gab es alles zu schicken. Obst, Konserven, Zigaretten, Schirm, Schmuck, alles. Da wir Selbstverpfleger waren, war das Verpflegungsgeld hoch, die Verpflegung selbst billig zu haben, so blieb Geld für Einkäufe. Auch eine Armbanduhr erhielt Frieda.

Am 25. Juli war ich in der Messe zu St. Josiff, der einzigen katholischen Kirche in Sofia. Dann kam eine Überraschung über den Äther. Mussolini tritt ab, der Faschismus in Italien ist erledigt. Und dies just am Todestag Dollfuß vor 9 Jahren. In mein Merkbüchlein schrieb ich: Die Rache für den Gemordeten ist auf dem Marsch. Am 29.7. zogen wir innerhalb des Hotel Savoy um. Ich war nun im 4. Stock. Die Betten waren so verwanzt, dass wir die Gestänge ausglühten, um Ruhe zu haben. Von hier hatte ich eine sehr schöne Aussicht auf das Balkangebirge. Am 1. August und die kommenden Tage bekomme ich Nachricht von Frieda, dass Reinhard an einem argen Keuchhusten leidet. Inzwischen gibt es stundenlangen Fliegeralarm, wenn die Alliierten von Süden kommend die rumänischen Ölfelder bei Ploeschti angreifen. Es ist sehr heiß. Ich finde immer wieder aufgezeichnet: im Bad gewesen.
13.8. Durch unsere Nachrichten erfahren wir, dass der erste Fliegerangriff auf Österreich (Wr. Neustadt) erfolgte. Sonntags bin ich immer zur Messe in St. Josiff. Am 21.8. erhielt ich Nachricht, dass Hans Wernhart, der Brautführer von Frieda bei der Hochzeit, mein Jugendfreund, gefallen ist. Noch eine Nachricht vom selben Tag: Hochzeit Walter und Annemarie.

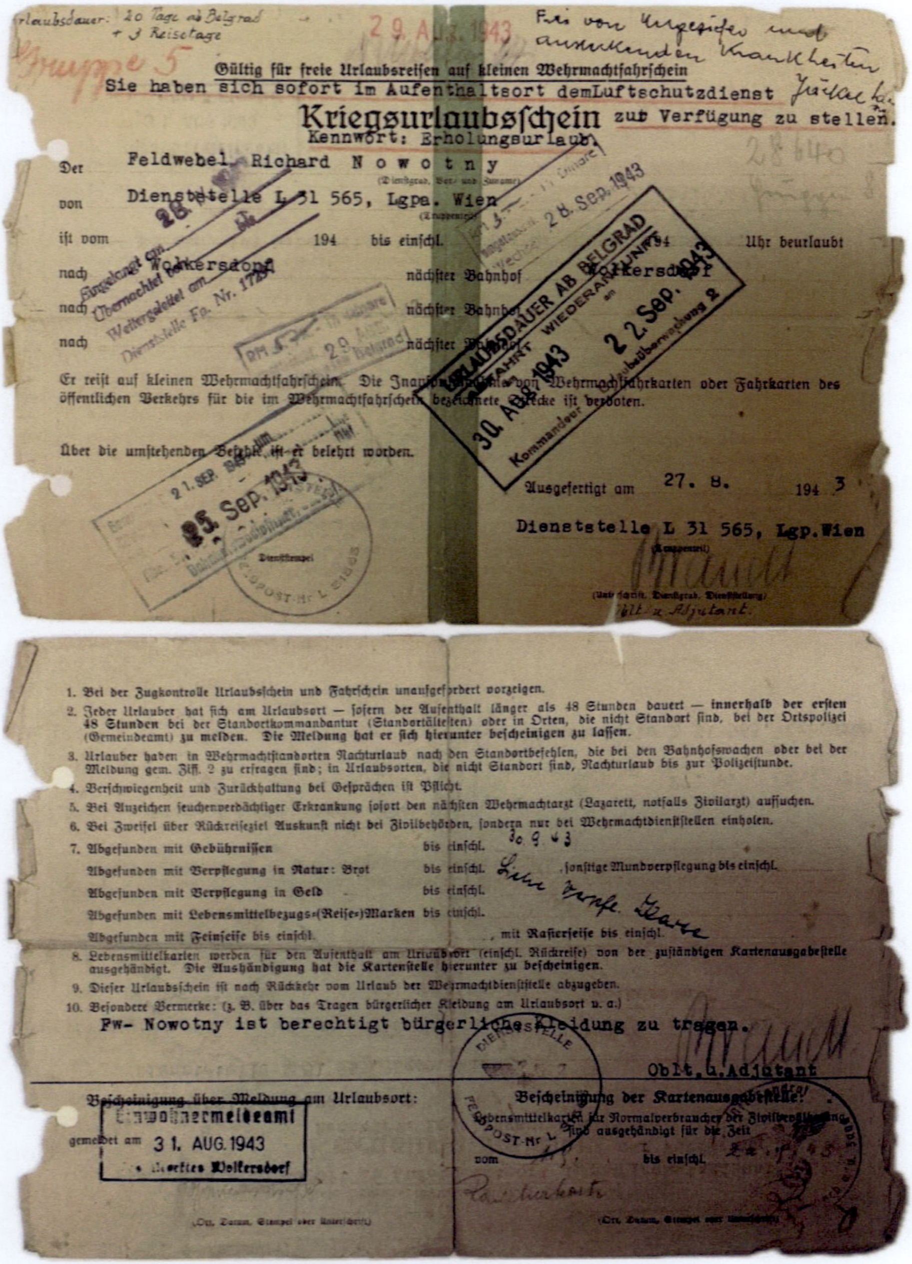
Urlaubsdauer: 20 Tage ab Belgrad + 3 Reisetage

29. AUG. 1943

Frei von Ungeziefer und ansteckenden Krankheiten

Gruppe 5

Gültig für freie Urlaubsreisen auf kleinen Wehrmachtfahrschein

Sie haben sich sofort im Aufenthaltsort dem Luftschutzdienst zur Verfügung zu stellen.

Kriegsurlaubsschein

Kennwort: Erholungsurlaub

Der Feldwebel Richard Nowotny (Dienstgrad, Vor- und Zuname)

von Dienststelle L 31 565, Lgpa. Wien (Truppenteil)

ist vom 194 bis einschl. 194 Uhr beurlaubt

nach Wolkersdorf nächster Bahnhof Wolkersdorf

nach nächster Bahnhof

nach nächster Bahnhof

Er reist auf kleinen Wehrmachtfahrschein. Die Inanspruchnahme von Wehrmachtfahrkarten oder Fahrkarten des öffentlichen Verkehrs für die im Wehrmachtfahrschein bezeichnete Strecke ist verboten.

Über die umstehenden Befehle ist er belehrt worden.

URLAUBSDAUER AB BELGRAD
RÜCKFAHRT WIEDERANKUNFT am
30. Aug. 1943 22. Sep. 1943
Kommandeur der Urlauberüberwachung 2

Eingelangt am 28. ...
Übernachtet bei
Weitergeleitet am
Dienststelle Fp. Nr. 17...

28. Sep. 1943

29. Aug. ... Belgrad

21. SEP. 1943

25. Sep. 1943

Dienststempel

FELDPOST-Nr. L 31565

Ausgefertigt am 27. 8. 1943

Dienststelle L 31 565, Lgp. Wien (Truppenteil)

(Unterschrift, Dienstgrad, Dienststellung)

Oblt. u. Adjutant

1. Bei der Zugkontrolle Urlaubsschein und Fahrschein unaufgefordert vorzeigen.
2. Jeder Urlauber hat sich am Urlaubsort — sofern der Aufenthalt länger als 48 Stunden dauert — innerhalb der ersten 48 Stunden bei der Standortkommandantur (Standortältesten) oder in Orten, die nicht Standort sind, bei der Ortspolizei (Gemeindeamt) zu melden. Die Meldung hat er sich hierunter bescheinigen zu lassen.
3. Urlauber haben in Wehrmachtstandorten Nachturlaub nach den Standortbefehlen, die bei den Bahnhofswachen oder bei der Meldung gem. Ziff. 2 zu erfragen sind; in Urlaubsorten, die nicht Standort sind, Nachturlaub bis zur Polizeistunde.
4. Verschwiegenheit und Zurückhaltung bei Gesprächen ist Pflicht.
5. Bei Anzeichen seuchenverdächtiger Erkrankung sofort den nächsten Wehrmachtarzt (Lazarett, notfalls Zivilarzt) aufsuchen.
6. Bei Zweifel über Rückreiseziel Auskunft nicht bei Zivilbehörden, sondern nur bei Wehrmachtdienststellen einholen.
7. Abgefunden mit Gebührnissen bis einschl. 30.9.43
Abgefunden mit Verpflegung in Natur: Brot bis einschl. , sonstige Mundverpflegung bis einschl.
Abgefunden mit Verpflegung in Geld bis einschl.
Abgefunden mit Lebensmittelbezugs-(Reise-)Marken bis einschl.
Abgefunden mit Feinseife bis einschl. , mit Rasierseife bis einschl.
8. Lebensmittelkarten werden für den Aufenthalt am Urlaubsort (einschl. Rückreise) von der zuständigen Kartenausgabestelle ausgehändigt. Die Aushändigung hat die Kartenstelle hierunter zu bescheinigen.
9. Dieser Urlaubsschein ist nach Rückkehr vom Urlaub der Wehrmachtdienststelle abzugeben.
10. Besondere Vermerke: (z. B. über das Tragen bürgerlicher Kleidung am Urlaubsort u. a.)

Fw- Nowotny ist berechtigt bürgerliche Kleidung zu tragen.

Oblt. u. Adjutant

DIENSTSTELLE FELDPOST-Nr. L ...

Bescheinigung über Meldung am Urlaubsort:

gemeldet am

Einwohnermeldeamt
31. AUG. 1943
Markt Wolkersdorf

(Ort, Datum, Stempel oder Unterschrift)

Bescheinigung der Kartenausgabestelle:

Lebensmittelkarten für Normalverbraucher der Zivilbevölkerung sind ausgehändigt für die Zeit

vom bis einschl.

Raucherkarte

(Ort, Datum, Stempel oder Unterschrift)

*Urlaubsschein – Vorder- und Rückseite*

Am 24.8. sagt mir Ofw. Müller, dass ich am 28.8. auf Urlaub fahre. Frieda schreibt mir, dass sich Reinhards Keuchhusten gebessert habe. 28.8. ab Sofia 19:40. 29.8. über Belgrad, Semlin, Esseg, Steinamanger, 30.8. Ödenburg, Wr. Neustadt, Wien an 14:00 Wolkersdorf 18:30.

Wieder ein wundersamer Urlaub mit Frau und Kindern. Nur war er etwas getrübt, da ich eine Rippenfellreizung ausheilen musste. Wir waren im Wald, wir waren in der Sandgrube, ich war Pistolenschießen und Traude war mit, wir nutzten die schönen Herbsttage, wie wir nur konnten. Am 19.9. war Hans Kaes bei uns und hat fotografiert. Am 21. fuhren wir nach Wien, haben bei Hansi übernachtet und am 22.9. meldete ich mich im Arsenal. Doch es stand nicht fest, wann ein Zug ging. So auch nicht am 23. und 24.9., sodass Frieda immer zu mir kommen konnte und wir den Urlaub verlängerten. Wir waren bei Kaes, diese besorgten uns eine Opernkarte und so konnten wir „Turandot" mit Maria Nemeth in der Titelrolle sehen. Ich habe auch noch angemerkt: am 24.9. Begräbnis Ortner. Am 25.9. kam Frieda wieder, wir waren bei Wolzogen und abends um 19:00 fuhr ich ab im Güterwagen.

Diesmal fuhr ich über Ungarn, 26.9. in Budapest, am 27. Kikinda, Pantschewo, am 28. in Belgrad und am 29.9. um 08:30 in Sofia. Die Einheit lag nicht mehr im Hotel Savoy, sondern in einem Stockhaus am Dragoman 24. Hier war jeden Tag Markt vor unseren Fenstern. Die Bauern kamen aus der Umgebung mit ihren Wasserbüffeln als Zugtiere, ab und zu aber auch Esel, und die fingen zwischen 3 und 4 Uhr früh jämmerlich zu schreien an. Was gab es da nicht alles am Markt. Weintrauben in seltener Größe, Melonen, alle Obstsorten, Berge von Knoblauch und Zwiebel. Und hier habe ich mir auch das Knoblauchessen angewöhnt. Aber die schönste Frucht waren die Paprika in allen Farben und Formen.

Nun muss ich etwas nachholen: Zar Boris von Bulgarien wurde im August zu Hitler auf den Berghof zitiert, von wo er nicht mehr lebend zurückkam. Jetzt weiß man, dass er ermordet wurde. Das Flugzeug, mit dem er flog, ging auf solche Höhe, dass er ersticken musste. Vom Hotel Savoy konnten wir den Zug zum Bahnhof sehen. Von dort wurde er ins Rilkekloster übergeführt. Da Bulgarien mit Russland in Freundschaft lebte, kamen die Teilnehmer der Russen zum Leichenbegräbnis auf einer zwischen den Mächten ausgehandelten Flugroute und eigens gestrichenen Maschinen über die Front hin und zurück. Das Volk stand im dichten Spalier und weinte. Ich erinnere mich noch gut, dass hinter dem Familienangehörigen, als einer der ersten GFM. Keitel als Vertreter des „Führers“ mit dem Marschallstab schritt.

Jeden Sonntag steht in meinem Merkbuch: hl. Messe. Am 6.10. habe ich zum ersten Mal Hilde in Wien angerufen. Ebenso am 12. und am 13.10. lag erster Schnee in Sofia. Es war aber nur ein kurzer Gruß des Winters. Nun wurde ich schon heimisch in Sofia. Wusste wo man gut aß (und billig), wo Offiziere verkehrten (weiter Bogen), aber einmal war ich im Slavianska Beseda und traf Herrn Leutnant Max Rudolph. Das war am 24. Oktober, er war in Gesellschaft einer deutschen Rotkreuzschwester. Am 25.10. verständigten wir uns, dass wir am 26. wieder im Slavianska Beseda zusammenkommen. Hier war es sehr nobel und man musste aufpassen, um nicht mit einem sowjetischen Botschaftsangehörigen, deren Autos vor dem Lokal parkten und durch den sowjetischen Wimpel gekennzeichnet waren, an einem Tisch zu sitzen. Immer wieder Hilde angerufen.

*Mit Stobbe auf dem Weg in die Oper, Sofia 7.11.1944*

Am 7.11. war ich in der Oper „Martha“ von Flotow. Am 8.11. in „Trobadour“ von Verdi. Am 11.11. habe ich für Frieda einen elektrischen Kocher gekauft, den ich dann einem Urlauber mitgab. Am 12.11. war ich in der Bulgarisch-Deutschen Gesellschaft bei einem Vortrag Dr. Thierfelder: „Bulgarien am Kreuzungspunkt der Kulturen“. Am 14.11. war ein leichter Fliegerangriff auf Sofia. Die Alliierten deuteten wahrscheinlich an, dass sie einmal Ernst machen werden. Am 15.11. war ich in „Rheingold“ von Wagner (auch Max war mit seiner Flamme). Ich war mit Stobbe, der auch immer brav die Karten besorgte. Am 25.11. hatten wir ein telefonisches Rendezvous. Frieda war in Wien bei Hilde und ich habe mit Frieda und Traude gesprochen. Am 26.11. „Entführung aus dem Serail" von Mozart. 30.11. III. Philharmonisches Konzert mit Cellokonzert von Haydn mit Ludwig Hoelscher als Solist, Symphonie in d-moll von Pipkoff, Moldau von Smetana.

2. Dezember 1943 zum Oberfeldwebel befördert. Ich machte Weihnachtspäckchen fertig und schrieb meinen schönen Weihnachtsbrief in die Heimat. Am 16. Dezember habe ich wieder mit Frieda gesprochen. Am 23.12. war die Weihnachtsfeier des Stabes mit üblichen Drum und Dran. Am 24. bekam ich rechtzeitig die Weihnachtspost. Am 28.12. war des IV. Philharmonisches Konzert mit Egmont Ouverture, „Schar" eine bulgarische Rhapsodie, Klavierkonzert A-Dur von Franz Liszt und die 6. von Tschaikowsky.

## Kriegsjahr 1944

Ende Dezember 1943 schneite es in Sofia. Am Silvestertag aß ich im Restaurant Batenberg und abends war der Stab bei einer Silvesterfeier versammelt.

1944 begann. Keiner sprach davon, aber fast jeder trug es mit sich herum, dass der Krieg schon lange zu Ungunsten Hitlers verlief. In Russland immer weiteres Vordringen der Sowjets, Vordringen der Amerikaner in Italien. Mussolini wurde zwar von Skorzeny auf dem Gran Sasso befreit und bildete eine neue republikanische Regierung, aber auf den Kriegsverlauf nahm dies überhaupt keinen Einfluss. Der Krieg in Afrika war schon seit Mai für die Alliierten entschieden.

Was sollte aus uns werden in diesem noch ruhigen Land? Vor Weihnachten 1943 kaufte ich mir einen deutschsprachigen Kalender Schweizer Provenienz für meine Eintragungen. Darin steht: Gekauft in Sofia am 22.12.1943. Dann: Ofw. Nowotny, L 31565, Luftgaupostamt Wien. Adresse: Wolkersdorf bei Wien, chez Vienna, Austria, Autriche. Ich hatte mich also schon ganz umgestellt und von Ostmark usw. war keine Rede mehr in meiner Anschrift.

4.1. Fliegeralarm. Mit Familie Kaes gesprochen.

10.1. Tages- und Nachtangriff der alliierten Luftwaffe auf Sofia.

18.1. In Simeonowo. Dort lag die amerikanische Schule. Seit Abbruch der Beziehungen zwischen den USA und Bulgarien als Schule natürlich nicht mehr benützt. Dorthin zog sich die Führung der Deutschen Luftwaffen-Mission Bulgarien (wie die deutschen Truppen offiziell hießen) zurück und wir mussten Splittergräben schaufeln. Ein Hintergedanke war aber bei der ganzen Sache. Die Deutschen glaubten, dass die Amerikaner nicht ihren Besitz in Sofia zerstören würden.

24.1. Alarm um die Mittagsstunde.

2.2. Vorfrühlingstag.

3.2. Mit einem Kradfahrer in Dramscha und Tschibaowzi. In beiden Orten lagen Meldetrupps von uns. Es war eine Fahrt von ungefähr 80 km in den Balkan hinein. Herrliches Wetter und noch herrlichere Leute, die Bulgaren.

In Tschibaowzi haben sie uns mit allen bulgarischen Köstlichkeiten eingedeckt. Zum Schluss wurde noch Slibowitz entzündet, aber da fuhren wir.

6.2. Schnee, der Winter hat sich also nur ein wenig auf den Witoscha zurückgezogen und ist zurückgekehrt.

12.2.1944. Vor 10 Jahren war Bürgerkrieg in Österreich. (im Tagebuch steht „Soziaufstand"). Der Winter wird ärger. Schnee und wieder Schnee. Am 23.2. (Aschermittwoch) mit Giserl Kaes gesprochen.

25.2. minus 17 Grad. Ich erfahre meine Versetzung zur neuen Abteilung.

27.2. Schneeschmelze.

28.2. Tauwetter.

29.2. Nach Bojana übersiedelt. Flugmeldeabteilung. Ist doch gleich, wie der Verein heißt, Hauptsache wir bleiben „hinten".

1.3.1944 Ich schreibe: Gesoffen mit Oberzahlmeister Ginzkey. Ginzkey war Berliner, aber uns Österreichern sehr zugetan.

Jeden Tag ein Gewitter. Die Donner hallen schaurig vom Witoscha herunter und brechen sich in den Bergen tausendfach.

6.3. Bildchen von Reinhard bekommen. Ich habe unseren Buben nicht mehr erkannt.

9.3. Mit Giserl gesprochen.

16.3. Nachtangriff auf Sofia. Und tagsüber auch.

17.3. Traudi Namenstag. In Sofia neues Quartier eingerichtet. Aus ist es mit der Ruhe. Die Herren fühlen sich nirgends mehr wohl. Sie wollen immer umziehen.

18.3. Mit Giserl und Liserl gesprochen.

20.3. In neues Quartier, Nähe Bahnhof Serdika, übersiedelt. Es ist dies ein zweistöckiges Haus. Wir sind im 2. Stock. Bekleidungskammer im 1. Stock. Marketenderei ebenerdig. Auch die Küche.

26.3. Judica mit Gottesdienst in St. Josiff.

30.3. Großangriff mit Brand- und Sprengbomben. Wie lange werden die Bulgaren noch ruhig bleiben? Seit 28.3. sind die Russen in Rumänien eingedrungen.

9.4. Ostern. Bei den Sakramenten in Sofia.

17.4. Bombenangriff auf Sofia.

Ende April wird es Gewissheit, dass ich auf Urlaub fahre. Am 8.5. ist es soweit. Jonasch, der von seiner „Erholung“ in Belgrad wieder zurück ist (er musste sich monatelang eine Syphilis ausheilen) macht Dienst auf dem Flughafen Vradebna bei Sofia und hat mir einen Platz in einer JU 52 für den 8. besorgt. Ich fahre schon am 7. abends zum Flughafen, übernachte bei Jonasch – und nun weiß ich auch, warum so bevorzugt ein Platz in einer JU frei ist – ich musste ihm ein Riesenpaket mitnehmen. Dies störte mich nicht. Auf jeden Fall flog ich um 7:10 Uhr ab und war um 9 Uhr in Belgrad. Der Flug war herrlich. Unter mir leichte Wolken, wie Schneeflocken, aber immer Durchsicht auf das Land, dann von weitem schon die Donau und als ich darüber war, sackten wir 100 Meter durch. „Ganz natürlich“ sagte der Flugzeugführer. Die Luft über dem Strom ist kälter. Hätte er auch früher sagen können, mir fiel das Herz in die Hose.

In Belgrad warteten wir die Überfliegung der Amerikaner ab, die immer noch auf die rumänischen Ölfelder flogen, und weiter ging es nach Wien. Ab Belgrad 13:30. Als wir über dem Plattensee flogen, wurde das Wetter diesig und auf einmal regnete es. Der Flugzeugführer sagte, dass er wahrschlich Linz oder Salzburg werde anfliegen müssen. Macht auch nichts, bin ich erst um Mitternacht zu Hause. Da klarte es auf und schon glänzte Wien in der Ferne. Eine Kurve und um 16:30 war ich in Aspern. Ich versorgte das Paket von Jonasch bei der Flughafenpost.

Hofgartenstraße, 1944

Um 19:00 war ich in Wolkersdorf. Da wir mit Beginn der warmen Jahreszeit Tropenuniform gefasst hatten, staunten die Wolkersdorfer nicht wenig, als sie mich ankommen sahen. Hilde Kassal traf ich als erste in der Haasgasse. Die wunderte sich nicht wenig. Auf jeden Fall wäre ich um diese Zeit per Bahn erst in Belgrad bei der Entlausung gewesen. Und am nächsten Tag durch die ungewissen Partisanengebiete geschlichen, denn fahren konnten die Züge nicht, nur dahinschleichen. Und so schloss ich nach 12 Stunden schon meine Lieben in die Arme. Reinhard war jetzt 13 Monate und ein kleiner Tolpatsch. Traudi schrieb schon Buchstaben und freute sich schon auf die Schule.

Am 21.5 war Friedas Namenstag. Wir machten einen Waldspaziergang. Auf der Waldwiese fiel Reinhard etwas ungeschickt und schürfte sich die Wange auf. Ich habe nicht viel aufgeschrieben über den Urlaub. Auf jeden Fall war jeder soooo zuvorkommend zu mir. Und von da ab konnten sie mich erst recht.

1.6. Nach Wien mit Frieda zur Abfahrt. Ich meldete mich bei der Bahnhofkommandantur, doch es ging kein Zug. Ich ließ mir dies bestätigen und wir fuhren wieder nach Wolkersdorf.

2.6. Vormittag erreichte mich über die Post ein Fernschreiben meiner Einheit in Sofia, ich solle mich nach Breslau begeben und von dort per Flugzeug zurückkehren. Also wieder mit Frieda nach Wien. 22:00 Abfahrt Nordbahnhof.

3.6. 07:30 an Breslau. Am Flughafen Breslau melde ich mich. Auf der Fliegerhorstkommandantur stehe ich vor einer Tür, darauf ein Schild „Major Lahr“. Bei dem musste ich mich melden. Major Lahr war doch der seinerzeitige Heimwehrbürgermeister (Vize) von Wien nach dem 12.2.34. Konnte der dies sein? Ich melde mich vorschriftsmäßig – klar ist er es – und sage ihm es auch, dass ich ihn kenne. Der freut sich, in mir einen Österreicher gefunden zu haben, der auch österreichisch denkt. Dann sagt er, als ich das Fernschreiben vorwies: Mein Lieber, da können sie 14 Tage bis 3 Wochen warten, bis ein Flugzeug in Richtung Sofia geht. Daran dachte ich nicht. Ich verabschiedete mich mit Dank, ließ mir eine Rückfahrt nach Wien auf dem Urlaubsschein eintragen und fuhr um 16:00 Uhr wieder ab. War um 18:00 in Heydebreck, um 20 Uhr in Oderberg. Dann hieß es Warten bis Mitternacht und war wieder um 6:30 in Wien. Es war der 4.6. ein Sonntag, die Dienststellen waren spärlich besetzt und ich bekam bald einen Ausgang bis zum 5.6.

Reinhard und Traude, Hofgartenpromenade

Am 4.6. hatte ich dann auch mittags einen Zug. Ich fuhr nach Wolkersdorf und übernachtete bei Frieda. Die Überraschung war groß. Sie wähnte mich schon längst in Sofia, als ich die Tür öffnete. Am 5.6. fuhren wir beide früh nach Wien und um 12:50 Uhr fuhr ich ab.

6.6. mittags in Semlin. Da erfuhr ich allerhand, was sich während der langen Reise getan. Am 4. Juni war Rom von den Deutschen geräumt worden und heute am 6. Juni begann die Invasion in Frankreich. Um 15 Uhr war ich in Belgrad. Erst am nächsten Tag, also am 7.6. um 19:00 Uhr fuhr ich weiter von Topcider (Vorort von Belgrad) und war am 8.6. in Sofia. Also genau 8 Tage Rückreise.

In Sofia war während meiner Abwesenheit die FLUM (Flugmeldeabteilung) wieder nach Bojana übersiedelt. In Bojana wohnten wir in Baracken. Die Straße, die nach Bojana führte, zweigte von der Hauptstraße, die wieder nach Kniaschewo ging, in die

Berge zum Witoscha ab. Es ging ständig bergauf. Da kamen rechts Baracken, die wurden von der russischen Botschaft bewohnt. Dann kamen Baracken, die wurden von der bulgarischen Luftwaffe bewohnt, dann kamen wir. War da nicht Spionage Tür und Tor geöffnet? Unsere Telefonkabel gingen direkt vor den Fenstern der Russen vorbei. Wie leicht ist da etwas angezapft. Die Baracken waren grün getarnt, da das ganze Land hier grün war. Die Küche stand über der Straße ungefähr 200 m rechts auch in einer Baracke. Hier lernte ich Frau Julia Nikolowa kennen. Die Abteilung hatte sich eine Dolmetscherin zugelegt. 11.6. Fliegeralarm. Von einem Besuch eines Kinos oder Konzerts war hier in Bojana nicht mehr die Rede. Nach Sofia war es 1 Stunde mit der Straßenbahn. Aber am 18.6. fuhr ich doch zu hl. Messe hinein. Ich wollte auch sehen, ob die Flieger viel verwüstet haben. Es hielt sich noch in Grenzen.

Am 25.6. war ich ein Stück am Witoscha. Nun konnte ich wieder Päckchen schicken, denn ich wusste jetzt, an was es allem in der Heimat gebrach. Die zuerst von den Deutschen totgeschwiegene Niederlage an der Invasionsfront musste schließlich zugegeben werden. Amerikaner und Engländer strömten in breiter Front in Frankreich ein. Bald bekam ich auch Nachricht, dass Emmerich Wizlsperger in Frankreich gefallen ist.

20.7. Abends kam es durch. Ein Attentat auf Hitler war gescheitert. Hugo Bauer nahm sich kein Blatt vor dem Mund und sagte: Schade. Dies war wohl eines der aufwühlendsten Ereignisse des Krieges für mich. Ich konnte nicht schlafen. Was wäre alles geschehen? Was wird geschehen? Sich all dies auszudenken, war die Nacht zu kurz. Dann wurde ein Befehl verlesen: Die Vorsehung hat den Führer gerettet und als Dank der Soldaten wird nur mehr mit dem DEUTSCHEN GRUSS die Ehrenbezeugung erwiesen. Also hoch die Flosse. Wir sollten auch die bulgarischen Offiziere mit erhobener Rechte grüßen, doch ich glaube, dies tat keiner von uns, ich auf jeden Fall nicht. Wenn der Verbindungsoffizier der Bulgaren bei uns war, ein Oberstltn. Wlk, wurde nur salutiert. Auch die Offiziere taten dies. Am 25.7. dachte ich zurück an den 25.7.1934. Wieder ein Stück näher der Rache an Dollfuß.

Bojana hatte eine uralte Kirche, in der Fresken aus dem 12. Jahrhundert zu sehen waren. Uralte östliche Kunst. Der Witoscha mit seinen unzähligen Quellen, die besonders in der Nacht zum Fenster herein rauschten, und der Wasserfall hoch oben,

der seine Wässer durch Bojana schickte, gab dem Land eine unsägliche Anschauung des Friedens. So sah ich es.
Am 9. Juli musste ich zum Zahnarzt nach Seminaria, dies liegt in Sofia hinter dem Boris-Garten und wurde auch von Einheiten der Luftwaffe bewohnt. Einmal besuchte ich die Buchhandlung in Sofia, fand aber nichts mehr.
Am 13.8. am Witoscha. Sehr heiße Tage und merkwürdig, es kamen keine Flieger. Die hatten anderwärts zu tun.
24.8. Umschwung in Rumänien. Regierung gestürzt. Einstellung des Kampfes. Kriegserklärung an Deutschland.
24.8. De Gaulle zieht in Paris ein.
Wird denn niemand wach? Nein. Die wach wurden, waren erschossen, waren erhängt worden.
26.8. Bulgarien wird neutral.

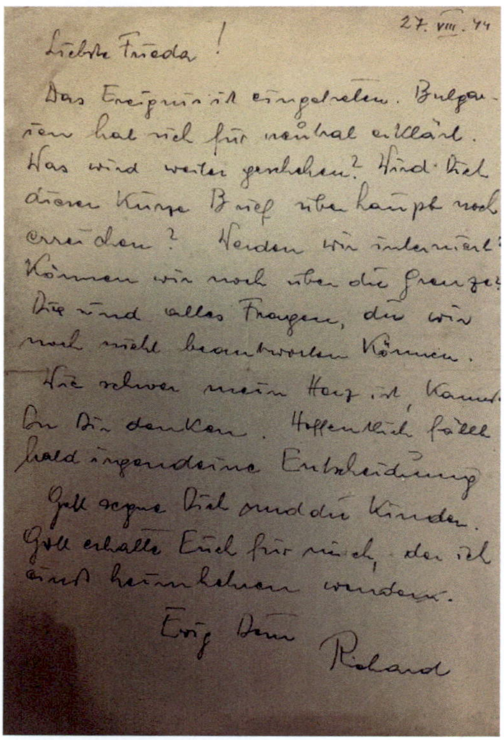

*27. VIII. 44*

*Liebe Frieda!*
*Das Ereignis ist eingetreten.*
*Bulgarien hat sich für neutral erklärt.*
*Was wird weitergeschehen?*
*Wird dich dieser kurze Brief überhaupt noch erreichen?*
*Werden wir interniert?*
*Können wir noch über die Grenze?*
*Das sind alles Fragen, die wir noch nicht beantworten können.*
*Wie schwer mein Herz ist, kannst du dir denken.*
*Hoffentlich fällt bald irgendeine Entscheidung.*
*Gott segne dich und die Kinder.*
*Gott erhalte Euch für mich, der ich einst heimkehren werden.*
*Ewig Dein Richard*

*Brief aus Sofia vom 27.8.1943*

29.8. Übersiedlung nach Seminaria. Zusammenziehung aller deutschen Truppen (Luftwaffe).
4.9. Bulgarien bricht die Beziehungen zum Deutschen Reich.
6.9. 4 Uhr früh Abfahrt von Sofia bis Pirot. Hier übernachtet. 7.9. 13:00 an Nisch.
8.9. Nischka Banja. Krieg mit Bulgarien.
Die warmen Quellen von Nischka Banja. Hier in Nischka Banja waren die warmen Quellen in einem echt türkischen Bad gefasst. Jeder hatte seine Sitznische, sein separates Wasser und alles rund im Kreis. Hier haben auch schon die Römer und Griechen gebadet.
Die bulgarischen Truppen, die am Durchzug in die Heimat waren, sie hatten einen Teil Jugoslawiens besetzt, taten trotz Kriegserklärung uns nichts und wir ihnen schon gar nichts. Dies wollten meine Freunde in Sofia 25 Jahre später nicht glauben.
12.9. ab Nischka Banja. Auf Fahrt erkrankt. Lazarett Belgrad. Vom 7. bis 14.9. 7 kg abgenommen. Gewicht 69.5. 24.9. Entlassung aus dem Lazarett. Marschpapiere nach Wien.
25.9. Ab Belgrad – Franzthal-Ruma, Indije, Vinkovci, Esseg, Gr. Kanischa, Sopron, Wien an 27.9. 8:00, um 12:00 in Wolkersdorf.

## Der letzte Einsatz in Ostpreußen

Ich musste mich beim Ersatztruppenteil in Wien-Mauer melden. Obwohl ich keinen Übernachtungsschein hatte, fuhr ich bis 4.10. immer zwischen Wien und Wolkersdorf und übernachtete immer in Wolkersdorf. Am 5.10. fuhr Frieda mit mir nach Liesing. Dann ging es nach Matzleinsdorf. Eine ganze Nacht. Wenn das nicht Sabotage war. 12 km eine ganze Nacht. Und am 6.10. den Tag über stehen. Dann bis Strasshof. Da war wieder Frieda bei mir. Abends fuhren wir von Strasshof ab. Über Znaim, Neuenburg, Tetschen, Dresden. 10.10. an Berlin, Hermann Göring Kaserne. 16.10. Besuch bei Ginzkey in Berlin. Ich traf nur die Frau und die wusste nicht, wo ihr Mann gegenwärtig sei. Ginzkey war unser Zahlmeister in Sofia. 16.10. ab Berlin über Schneidemühl, Bromberg, Preußisch Eylau, Allenstein. 19.10. Insterburg, Friedrichskaserne.

Also nun war ich in Ostpreußen. Hier in der Friedrichskaserne wurde eine Einheit zusammengestellt und ich kam wieder zur Gruppe Verwaltung. Zahlmeister war ein

Mann namens Adolfsen. Er war noch jung, vielleicht um 2 Jahre älter wie ich, auch verheiratet, redete in Sprüchen Rilkes, schätzte Hofmannsthal und George, war also ein Jünger der Jahrhundertwende. Er lebte auch immer so zurückgewendet. Vielleicht, wenn ich mein Herz geöffnet hätte, wären wir uns näher gekommen. Als Feldpostnummer hatte ich jetzt 61 593 B Lg. Postamt Posen. Beim Zug nach vorne traf ich in Pendershof Mazl Baumgartner. Wir übernachteten in einer Scheune. Es war schon ziemlich kühl. Dann verlegten wir hinter Gumbinnen. Das Land war fast von der ganzen Bevölkerung verlassen, besser zwangsevakuiert. Unser Ort lag in der Nähe von Pomerfeld, wo Mazl lag. Am 11. November übersiedelten wir nach Wilhelmsberg. Wenn es an etwas in der Feldküche oder sonst wie fehlte, fuhr ich mit einem Wagen nach Gumbinnen und suchte in den verlassenen Geschäften und Häusern nach dem, was wir brauchten. Am 24.11. verlegten wir nach Langenweiler. Am 26.11. bekam ich die erste Post von Frieda. Die nächste Zeit war ich immer zwischen Insterburg und Gumbinnen und darüber hinaus unterwegs. Am 8.12. schrieb ich meinen Weihnachtsbrief an die Meinen.

Die Aufstellung des Volkssturms, Einberufung aller Männer zwischen 16 und 60 machte sich bemerkbar. In ungenügender Ausrüstung, mangelnder Ausbildung, ja nicht einmal einheitlicher Uniform sah man die Buben und die alten Männer sich auf den Feldern in Scheingefechten üben. Einmal war ich um Brot in Insterburg. Bei der Feldbäckerei warteten die „Mädchen" und fuhren mit den Soldaten bis in die vordersten Stellungen. Keine Feldpolizei schritt ein. Es war ja jetzt ruhig. Als wir nach Ostpreußen kamen, grollte Tag und Nacht die Artillerie aus der Gegend der Rominter Heide-Goldap herüber. Hier waren die Russen ja schon auf deutschem Gebiet gestanden. Aber jetzt war Ruhe. Nur die Flüchtlinge aus dem Gebiet von Memel, Tilsit zogen immer noch nach dem Westen, sie hatten ihre pferdebespannten Wagen vollgepackt und so gingen sie ins Ungewisse. Doch mit den Flüchtlingen sollte es noch ärger werden.

Wir lagen jetzt in Rosenfelde bei Insterburg. Vor Weihnachten war ich noch einmal in Gumbinnen. Hier ist das Land mit den eigenartigen Dorfnamen. Rosenfelde, Zweilinden, Angereck waren eingedeutscht. Aber sonst hießen sie etwa Lahsdenen, Pillkallen, Eydtkuhnen und wir dichteten dazu Willpissen, Musskaken.

Weihnachten feierten wir sehr bedürftig in Rosenfelde. Hauptsache wir hatten noch Ruhe. Denn wer kannte den Tag, wann der Russe wieder lostrommelte. Im Westen waren die Amerikaner und seine Verbündeten bereits an der Reichsgrenze. (Aachen). Der Russe war im Osten soweit. Und bei mir daheim? Der Russe stand in Ungarn. Ein Bekannter aus Schwadorf sagte mir einmal, er hätte schon längst heimgeschrieben, dass seine Frau beim Näherrücken der Russen sofort eine weiße Fahne zu hissen hätte. In meinen Briefen nach Hause klang immer mehr die Sehnsucht nach Österreich auf und wie oft habe ich meinen Brief mit Anton Wildgans beendet:

*Österreich heißt das Land*
*da er´s mit gnädiger Hand*
*schuf und so reich begabt*
*Gott hat es liebgehabt.*

Um Weihnachten oder ein paar Tage bevor wurden Befehle verlesen, dass im Westen eine wichtige Offensive eingeleitet wurde und es bestehe die Hoffnung, die Amerikaner bis weit von der Reichsgrenze nach dem Westen zu vertreiben. Es war die Ardennenoffensive. Ein Überraschungsangriff mit Geländegewinn, der aber baldigst wieder von den Alliierten zurückgewonnen wurde. Neu war auch um diese Zeit, dass jede Einheit einen politischen Offizier zugewiesen bekam – ein Politruk nach Sowjetmuster –, der den Geist der Truppe zu prüfen und für die hohe Aufgabe zu schulen hatte. Mit einem Wort ein Spitzel.

Weihnachten war vorbei. Ich hatte schon lange Frieda gebeten, sie möge mir einen Taschenkalender senden. Aber es kam keiner. Von einer Silvesterfeier war keine Rede mehr. Jeder saß und dachte, betete vielleicht, denn diese Ruhe war so zermürbend, so peinigend, weil jeder wusste, das große Unheil steht unvermeidlich vor jedem. Anfang Jänner bekam ich von Frieda den Kalender. Frieda hatte ihn schon beschriftet: „Für meinen lieben Richard im Jänner 1945". Ich ergänzte: In meiner Heimat braut die braune Nacht (A.Kerr). Meine Anschrift und diesmal schon, Wolkersdorf bei Wien, Niederösterreich.

Also begann das Kriegsjahr 1945. Das Wetter war mild. Ich beobachtete den Himmel und konnte genau voraussagen, wann nächtlicher Besuch aus der Luft zu

erwarten war. Einmal war es glasklar und am Nachmittag beobachtete ich ein Sonnenhalo. Sofort wusste ich, dass heute Nacht Ruhe ist. Sonnenhalo brachten immer Bewölkung und bei Wolken flog der Russe nicht.
12.1.1945. Der Russe greift an. Tilsit fällt. Allenstein wird geräumt. Durch einen Brief von Frieda erfahre ich, dass Exler in der Nähe sei. Ich erkundigte mich um seine Einheit und besuchte ihn am 17.1. in Sohdehnen: Am 21. marschierten wir von Rosenfelde ab. Auf der Straße Gumbinnen-Insterburg spielte sich der Rückzug ab. Wir marschierten südlicher. Am 23.1 waren wir in Friedland und am 24. waren wir in Ostpreußen eingeschlossen. Bei Elbing stieß der Russe zur Danziger Bucht vor. 28.1. in Kreuzburg. 29.1. in Zinten. In Zinten erlebte ich meinen ersten Tieffliegerangriff von mindestens 40 Maschinen. Wie ich in einen Keller kam, weiß ich nicht. Als ich mich aber umsah, entdeckte ich noch ein paar Flaschen Wein.

Nach diesem turbulenten Rückzug fand sich unsere Einheit wieder in Bladiau und wir bezogen in der Nähe das Gut Unruh. Nun muss ich eine Episode einfügen: Nach dem Angriff der Russen am 12.1. hatte unser Zahlmeister Adolfsen sich einer Familie angenommen. Der Vater war Lehrer, der mit Frau und Tochter noch irgendwo gelebt hat. Ob er sie schon früher kannte, der Stabszahlmeister, weiß ich nicht. Auf jeden Fall waren die beiden, Tochter und Zahlmeister, unsterblich verliebt. Er brachte sie also bis nach Bladiau. Hier fragte er mich, was er nun tun soll. Gab es noch eine Möglichkeit zum Ausfliegen? Er dachte ja. Denn vor uns lag das Meer und hinter uns drängte der Russe, um uns ins Meer zu treiben. Ich weiß noch, dass er mich am nächsten Tag bat, aus der Verpflegung etwas auszusuchen, womöglich Marschverpflegung, natürlich gegen seine Unterschrift, dann lud er mich ein mitzukommen und in einem Zimmer des Gutes Unruh tranken wir, die Familie, er und ich ein paar Flaschen Wein. Am nächsten Tag war der Zahlmeister mit der Familie verschwunden. Am übernächsten Tag war Adolfsen wieder hier. Er hoffte, dass es gelungen sei, sagte er nur. Wie er sie wegbrachte, weiß ich nicht.

Dies waren auch die letzten Tage unserer Einheit. Alles wurde aufgelöst und in Sturmbataillone zusammengeschlossen. Am 12.2. (wieder ein Gedenktag) erfahre ich durch das Radio, dass eine Konferenz in Jalta stattgefunden hätte. Roosevelt, Churchill, Stalin. Aus den Angaben des deutschen Rundfunks war natürlich nichts zu entnehmen. Es wurde nur höhnisch gesprochen, dass diese drei Männer schon sich getrauten Deutschland aufzuteilen. Dabei sah ich zum Fenster hinaus und bemerkte Wagenladungen Gefallener, die steif gefroren in den unnatürlichsten Stellungen abgeladen, um eingegraben zu werden.

Am 22.2. war das neu aufgestellte Bataillon in Ludwigsort zusammengezogen. Wir bauten Stellungen im Feld und für uns eine Unterkunft. Am 25.2. wurden wir alarmiert, aber nicht zum Einsatz, sondern um einer Erschießung beizuwohnen. So ein armer Teufel aus dem Rheinland, soll sich angeblich beim Besuch eines Zahnarztes unerlaubt von der Truppe entfernt haben. Wie konnte er das, wenn unser Kessel vielleicht noch einen Durchmesser von 20 km hatte. Abschreckendes Beispiel? Flucht wäre Wahnsinn gewesen, überlaufen eventuell ratsam. Im Karée mussten wir antreten, ein Exekutionskommando wurde bestimmt, das Urteil verlesen, der Verurteilte an einen Baum gebunden – vorher hatte er noch hinter dem Baum sein Grab zu schaufeln –, die Augen mit einer Binde verdeckt und dann gab ein Oberwachtmeister den Schießbefehl. Der Unglückliche sank sofort zusammen, der Arzt stellte den Tod fest, hinter den Baum getragen, eingegraben, aus. Auf diesen warten vielleicht heute noch Angehörige, 26 Jahre nachher.

### Einsatz an der Front

Am 1. März schreibe ich: „Wieder ein neuer Monat und wann kommt der Tod?“ Es schneit wieder. 11.3. Es friert, aber der Frühling ist überall zu spüren. Wir sitzen noch immer in Ludwigsort in unserem Bunker. Am 15.3. nach Federau, am 17. nach Paplauken zum Sturm-Bataillon Hermann Göring. Auf dem Durchmarsch durch Groß Hoppenbruch am Bahnhof Exler getroffen, der mir eine Flasche Champagner schenkt.

Sonntag, 18.3. um 14 Uhr zum Einsatz. Die letzte Ortschaft, die wir durchqueren ist Quilitten. Selbst hier in den Bunkern haben sich noch Weiber herumgetrieben, doch wir mussten eine Stellung ungefähr 400 m südlich beziehen. Es war schon Nacht. Ein Hang erstreckte sich ähnlich unseres Geltlbergs nach Osten, im Süden war Wald, in unserem Rücken sah man weit draußen das Meer. Auf der Höhe des Hanges war der Russe. Wir bauten uns notdürftige Löcher in der steinigen, noch gefrorenen Erde. Neben mir war ein Bursch von vielleicht 15 Jahren und ein alter Mann, die so schlecht deutsch sprachen, dass ich sie kaum verstand. Sie kamen aus der Gegend von Tilsit.

Der Russe schoss sich ein. Immer näher. Dann war Ruhe. Dann kam der Lautsprecher. Ein paar deutsche Schnulzen und: „Kommt herüber, verlasst die Stellung, eure Führung hat euch längst verlassen. Bei uns seid ihr in Sicherheit, ihr werdet die Heimat wiedersehen.“ Dann eine Stalinorgel über uns hinweg, ihre Einschläge waren in Quilitten. Ich dachte immer, was wird sein, wenn es tagt. Kurz vor 1 Uhr des 19.3.1945 schoss der Russe wieder mit 15 cm Geschützen und knapp vor mir schlug eine Granate ein und verwundete mich. Es war 00:55.

Nach langer Irrfahrt kam ich zu dem Hauptverbandsplatz Romansgut. Hier wurde es schon Licht. Im Keller eines Hauses wurde ich verbunden. Der Russe war vielleicht 2 km entfernt. Einschlag und Abschuss waren im Keller nicht zu unterscheiden. Wir mussten warten bis es Nacht war, dann kommen wir von hier weg. Auf Lastkraftwagen wurden wir gestopft und nun ging eine Fahrt los durch brennende Dörfer, zwischen Einschlägen, und ich dachte immer, es kann doch nicht so weit sein zum Haff. Aber wir mussten Umwege machen, um noch durchzukommen. Im Morgengrauen waren wir in Rosenberg. Und um 7:10 stand ich in einem Boot zur Überfahrt nach Pillau. Am Ufer von Rosenberg drängten sich die Flüchtlinge, die noch dachten, auf einer Eisdecke das Frische Haff mit den Fahrzeugen und der letzten Habe überqueren zu können. Es ging nicht mehr. Von Balga schoss der Russe. Ob diese Leute auch noch ein Boot fanden? Im seichten Ufer sah ich Ross und Wagen am Grunde des Meeres liegen, die Bettwäsche, das Korn, das Eis hat die Last nicht mehr getragen. In Pillau kamen alle Verwundeten in eine Turnhalle. Am 23.3. schob man Teile ab nach Tenkitten, einem Nest bei Pillau. Eine elende Unterkunft erwartete mich. Die Verwundeten dort suchten sich gegenseitig die Läuse ab. Ich bekam Fieber. Am 21.3. kam ich zum Hauptverbandsplatz Neuhäuser, 10 km nördlich von Pillau. Von dort aus konnte ich die Ballonsperren von Königsberg sehen. Hier waren noch Schwestern. Eine davon schrieb mir eine Karte an Frieda. Die kam nie an. Es stellte sich wieder Fieber ein und am Ostermontag, den 2.4.1945 wurde ich operiert. Ich lag dann in einem Zimmer. Das Wetter war warm, das Fenster offen. So hörte ich den ganzen Tag die Totengebete, da die Toten des Hauptverbandsplatzes gleich vorm Haus, einer neben den anderen, in Massengräbern beigesetzt wurden. Meist war das Vaterunser evangelisch und seit dieser Zeit kenne ich dieses „Denn Dein ist die Macht und die Herrlichkeit“ so wie das Vaterunser nun auch die katholische Kirche beschließt.

Am 4.4. ging ein Schiff von Pillau ab. Wir wurden am 3. nachts hingeschafft. Die Verwundeten kamen in den Bauch des Schiffes. Auch mich tat man hinunter. Aber ich war bald wieder oben. Da unten wäre ich vor Angst gestorben. Außerdem bekam ich einen Durchfall. Am 4. fuhren wir ab. Am 5.4. fuhren wir nicht weit von Hela (Danziger Bucht) vorbei und dampften dann hinaus ins offene Meer (Ostsee). Bald kam ich ins Gespräch, auch mit Sanitätern, die mir gerne gegen meinen Durchfall helfen wollten, aber nicht konnten. Es wirkte kein Mittel. Und so im Gespräch erfuhr ich, dass nicht nur der „Gustloff“ mit tausenden Verwundeten und Flüchtlingen versenkt wurde, sondern auch ein anderes Großschiff. Heute weiß ich, es war der „Steuben“.

Wir hielten uns bis Samstag, den 7.4. immer in der offenen See auf, wir konnten also die Küste nicht sehen, erst bis kurz vor Swinemünde fuhren wir küstennahe. Pommern war ja schon bis Kolberg von den Russen besetzt. Als ich die Küste sah und erfuhr, wo wir uns schon befinden, fiel mir nichts ein als ein Gebet. Nun konnten wir nicht versenkt werden. Den Sonntag, es war der Weiße Sonntag, lagen wir vor Swinemünde und am Montag, den 9.4. wurden wir entladen.

Die Nacht verbrachte ich in Swinemünde in einem Saal mit anderen hunderten Verwundeten und am 10.4. kam ich ins Kriegslazarett Ahlbeck. Es war höchste Zeit. Der Arm musste ganz weit hinauf geöffnet werden. Mit der linken Hand schrieb ich in meinen Kalender. „Nur mehr kurze Zeit und der Krieg ist aus und die Nazis sind endgültig geschlagen“. Aber auch „In der Heimat sind die Russen“. Was wird sein?

Am 19. April wurde ich nach Wolgast verlegt. Hier war noch die Rede Goebbels anlässlich Hitlers Geburtstag zu hören. Am 22.4. Verlegung ins Lw. Lazarett Greifswald. Hier fand ich einen Wiener Arzt, der mich untersuchte und abermals eine Operation vornahm. Er sagte mir zum ersten Mal, was ich habe. Einen Schussbruch des rechten Ellbogengelenks mit Knochenzersplitterung. Er sagte mir auch, dass ich den Arm behalten werde, nach der heute durchgeführten Operation. Diese OP musste ja erst vorbereitet werden. Durch meinen Durchfall, der noch immer anhielt, war ich schon halb ausgetrocknet. Ich bekam Kochsalzlösung in die Blutbahn, verschiedene Stärkungsmittel für den Körper und dann erst die Narkose.

Am 25.4. in Reservelazarett Arnswalde bei Greifswald. Nach hier drang schon mächtig der Kanonendonner der Front. Am 29.4. per Schiff nach Stralsund und am 30. ab Stralsund in einem Lazarettzug über Rostock nach Wismar. Uns wurde gesagt, dass hier die Demarkationslinie zwischen Russen und Amerikanern wäre. Wir hätten also nichts mehr zu befürchten. Als alter Landser glaubte ich an solche Dinge nicht. Wir fuhren südwärts über Bad Kleinen am Schweriner See vorbei, dann wieder nach Westen. In Grevesmühlen standen wir eine Nacht. Es war der 4. Mai. Die Durchzugstraße war durch Wald verdeckt, so konnte ich nur den Lärm von Panzerfahrzeugen stundenlang hören. Am Morgen kamen Kanadier und durchsuchten den Zug. Es wurde nichts beanstandet.

### Kriegsende – der 8. Mai 1945

Weiter ging es über Lübeck (hier hatten alle Häuser weiße Fahnen entrollt), Bad Oldeslohe – hier hängte unser Zug einen ganzen Waggon Rollgerstel (Grütze) an –, von Bad Segeberg nach Neumünster und noch ein Stück, der Ort hieß Innien. Hier war die Fahrt zu Ende. Zu essen gab es nur mehr Grütze. Es gab keine Lebensmittel. Es war der 8. Mai. Am Nebengeleise stand ebenfalls ein Lazarettzug und dort spielte ein Radio. Der Sender Hamburg wurde bereits von der Besatzungsmacht betrieben und als erstes Musikstück hörte ich die „Hebridenouvertüre“ von Mendelsohn. Dann hörte ich auch Nachrichten, dass der Waffenstillstand von Eisenhower, Schukow, Montgomery und Tassieres unterzeichnet wurde. In meinen Büchlein steht nichts von Kriegsende und anderem, sondern nur „Österreich ist frei“.

Wie es die Leitung des Lazarettzuges zusammenbrachte uns notdürftig zu versorgen, ist mir heute noch ein Rätsel. Im Ort Innien gab es nichts zu kaufen und zu essen. Einmal nur gab ein Fleischer eine Suppe aus. Ein Kochgeschirr voll Wasser mit Blut war das. Die sanitären Zustände im Lazarettwagen waren nicht mehr schön. Solange der Zug fuhr, konnten die Klos benutzt werden, aber jetzt. Jeder suchte den Tag im Freien zu verbringen und benützte den Waggon nur zum Schlafen. Leute, die schon gesund waren, und in einigen hundert Kilometer im Umkreis zu Hause waren oder jemand kannten, waren bald verschwunden. Ich brauchte aber ärztliche Pflege.

Am 19.5. wurde die Schiene entfernt und ich ging nur mehr mit der Hand in der Schlinge. Aber gebrauchen konnte ich weder Arm noch Hand. Es war alles versulzt. Nun hieß es Bewegung machen, so weh es auch tat. Fingerübungen, Armübungen, Schulterübungen. Nur ganz langsam bekam ich wieder Bewegung in die Glieder.

Am 5. Juni wurden wir zusammengestellt und ins Marinelazarett Bordesholm bei Kiel gebracht. Mein Arm bleibt steif. Dies konstatierte ein Arzt. Ich bat um ein Röntgen. Leider nicht möglich, kein Material. Bordesholm liegt an einem See in wunderschöner Lage. Ich kann um den See herumspazieren, niemand stört, kein Besatzungssoldat ist zu sehen. Da taucht ein Masseur auf. Er ist Berliner. Ob er wirklich etwas versteht, weiß ich nicht. Auf jeden Fall lasse ich mich täglich von ihm massieren. Er macht auch Übungen mit meinem Arm, sodass ich bald mit der rechten Hand an meinen Hals greifen kann. Weiter wird es wohl nicht mehr gehen. Und so blieb es auch. Mit der Zeit sagte er mir auch, wieso er hier sei. Er sei verschlagen worden und sei froh, hier im Lazarett als Kraft untergekommen zu sein, hier gibt es wenigstens zu essen. Draußen ist es gar nicht rosig.

Meine Gedanken gehen dann immer nach Hause. Dort wird es wahrscheinlich auch nichts zu essen geben. Die Tage vergehen. Ich bekomme Bücher zu lesen. Einmal ist in der Bordesholmer Kirche ein Konzert. Mein Arm bereitet noch immer Schmerzen. Am 26. Juni erfahre ich durch das Radio, dass Wien auch von amerikanischen, englischen und französischen Truppen besetzt wurde. Am 27. eitert ein Granatsplitter aus dem Arm. Am 3. Juli wird ein Knochensplitter ausgeschieden. Am 7. wird der Verband abgenommen, nur mehr ein Pflaster. Am 9. Juli ist eine Sonnenfinsternis. 14. Juli Traum von Frieda und Traude. 15. Juli: Wunde ist verheilt.
8. August. In meinem Kalender steht: 1. mal Atombombe.
10.8. Japan kapituliert. Nun ist Friede auf der ganzen Erde.
16.8. Im Radio: Österreicher können von einer in die andere Besatzungszone reisen.
18.8. Film „Sophienlund"
26.8. Gottesdienst in Bordesholm in einem Gasthaus.
27.8. Suchmeldung und Rotkreuzpost. 2-mal (Frieda und Mutter)
7.9. Ins Lazarett Hedwigenkoog. An der Nordsee gelegen. Wieder Suchmeldung über das Rote Kreuz. 25 Worte.

28. September ab Hedwigenkoog über Neumünster, Kiel, in die Gegend von Plön in ein Waldlager. Hier traf ich von der 18. Flakdivision Hptm. Lakaschuss und Frühwirt.
1. Oktober ein Lager am Uklei See bezogen.
3. Oktober ins Lager Futterkamp 16 km marschiert. Weiter ins Lager Lütjenburg. Hier werden wir in 300 Zelten untergebracht, gründlich entlaust und am 6.10. im Zug über Eutin, Lübeck, Hamburg, Bremen, Delmenhorst, Jever (auswagoniert) nach Tettens in Ostfriesland gebracht.
Bald wusste ich, Ostfriesland ist ein einziges österreichisches Gefangenenlager.

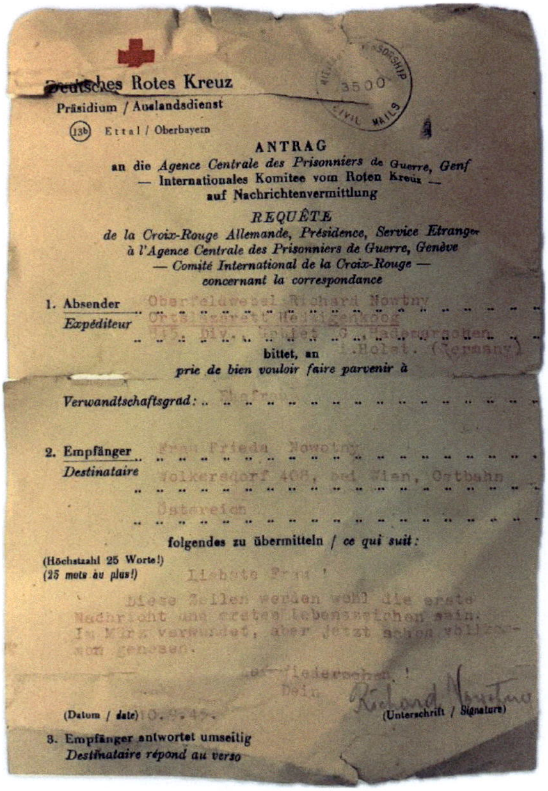
Deutsches Rotes Kreuz
Präsidium / Auslandsdienst
(13b) Ettal / Oberbayern

ANTRAG
an die *Agence Centrale des Prisonniers de Guerre, Genf*
— Internationales Komitee vom Roten Kreuz —
auf Nachrichtenvermittlung

*REQUÊTE*
*de la Croix-Rouge Allemande, Présidence, Service Etranger*
*à l'Agence Centrale des Prisonniers de Guerre, Genève*
*— Comité International de la Croix-Rouge —*
*concernant la correspondance*

1. Absender / *Expéditeur* Oberfeldwebel Richard Nowtny

bittet, an
*prie de bien vouloir faire parvenir à*

*Verwandtschaftsgrad:*

2. Empfänger / *Destinataire* Frau Frieda Nowotny
Wolkersdorf 408, bei Wien, Ostbahn

folgendes zu übermitteln / *ce qui suit:*
(Höchstzahl 25 Worte!)
(*25 mots au plus!*)

(Datum / *date*)
(Unterschrift / Signature)

3. Empfänger antwortet umseitig
*Destinataire répond au verso*

*Rotes Kreuz Suchmeldung vom 10.9.1945*

*Liebste Frau!*
*Diese Zeilen werden wohl die erste Nachricht und erstes Lebenszeichen sein.*
*Im März verwundet, aber jetzt schon vollkommen genesen.*
*Auf Wiedersehen!*
*Dein Richard*

## Kriegsgefangenschaft in Ostfriesland

Ich schreibe: „In 3 Monaten ist 1946, werde ich noch immer in Gefangenschaft sein?“ In Tettens werden wir aufgeteilt auf die verschiedenen Höfe und Orte.

Das Land ist dem Meer abgerungen. Die Sicherungen gegen das Wasser sind die Deiche. Bei Karolinensiel ist landsend. Und von dort geht ein Deich nach dem andern ins Land. In jedem Deich steht ein großer Hof. Es ist der Osterdeichshof, auf den ich komme. Der Bauer, Leiner mit Namen, erträgt die Einquartierung mit Ruhe. Er redet nicht viel. Doch wenn man mithilft in seiner Wirtschaft, ist man gut angeschrieben. Es gibt zur Verpflegung zusätzlich Milch und auch einmal ein Stück Brot. Ich schlafe zuerst im Kuhstall mit ungefähr 40 Kühen, bekomme aber dann vom Bauern eine Dachkammer zugewiesen. Wir werden gegen Fleckfieber und TBC geimpft. Nach Tettens ist es ungefähr eine 3/4 Stunde zu gehen. Dort stehen ein paar Häuser beisammen und die Bahnstation. Die Bahn verbindet Karolinensiel am Meer, davor liegen noch die ostfriesischen Inseln, mit Jever und weiter Wilhelmshaven.

Immer wieder gebe ich über das Rote Kreuz Suchmeldungen auf. Meist 10 Worte sowohl an Frieda wie auch an Mutter. Irgendwer muss doch leben und von mir ein Lebenszeichen erhalten.

18.10. Im Kino in Tettens: „Der zerbrochene Krug“.

Immer gehen neue Parolen. Der ranghöchste Soldat in Ostfriesland ist General Schubert. Der kam am 25.10. zu einer Aussprache nach Tettens. Er konnte uns aber nicht viel sagen. Er meint, nach dem was bisher passiert ist, wäre es gut, sich in die Zone „C“ in Österreich entlassen zu lassen, also südliches Oberösterreich und Salzburg. Da ich Pribil Hans aus Wels, Hammerlingstraße 11, sehr gut kenne, vom Zirkus Vespermann her, nehme ich diese Adresse für mich in Anspruch und werde in Hinkunft zur Entlassung mit dieser Anschrift geführt.

Einmal eine gute Nachricht. In Hohenkirchen kann man Roggen haben. Ich ziehe mit meinem Rucksack hin und hole 10 kg. Dafür gibt es herrliches Roggenbrot beim Bäcker. Schon meinen einzelne, im November geht bestimmt die Entlassung nach Oberösterreich an. Aber Allerseelen vergeht und es tut sich überhaupt nichts.

Der Hof des Bauern Leiner ist 57 ha groß = 100 Joch. Er hat in unserem Stall 9 Kälber, 8 Stiere, 18 Kühe und 15 Schweine.

Besuch einer österreichischen Delegation am 4.11. zur Heimführung der Kriegsgefangenen. Aber es ist keine Aussicht auf Heimkehr.

5.11. in Midogge um Brot. Am 8. November sind es 6 1/2 Jahre, dass ich von Frieda weg bin. Im November ein paarmal Karten mit 10 Worten über das Rote Kreuz weggeschickt.

Der Herbst kommt mit Macht. Die Kühe sind trotz der Kühle noch immer auf der Weide. Tagelang liegt der Nebel und in den stillen Nächten dringt das Rauschen des Meeres herüber. Als ich von Hedwigenkoog schrieb, habe ich vergessen zu schreiben, dass die Lage dieses Lazaretts an der Nordsee im Süden der Bucht von Husum war. Husum konnte ich nicht sehen, aber ahnen. Es ist die Stadt Th. Storms, die er als graue Stadt besingt. Ende November fing es zu wintern an. Die Eintragungen im Kalender werden immer düsterer. Wissen die Meinen, dass ich lebe? Leben die Meinen? Immer ferner wird die Heimat, immer trostloser das Warten.

25.11. An diesem Tage sollen Wahlen in Österreich sein. Wir sprechen vom Ergebnis und kommen auf folgende Zahlen: 40 Kommunisten, 65 Sozialdemokraten, 60 Volkspartei. Wie groß war die Überraschung, als uns Bauer Leiner sagen konnte, dass die Kommunisten überhaupt nur 4 Mandate erreichten, die Volkspartei 84 und die Sozialdemokraten 79. Mit der Volkspartei wussten wir hier nicht viel anzufangen und wer waren ihre Mandatare? Erst langsam kam durch, dass dies die Nachfolgerin der Christlichsozialen Partei war.

Am 28., 29. und 30.11. war Dreschen beim Bauern. Nicht nur Weizen und Korn, auch Hülsenfrüchte.

Neue Parole: Kriegsversehrte werden bald entlassen.

Am 7. Dezember bekam ich Post. Ich habe auch einmal nach M. Gladbach geschrieben und der gute Peter schrieb mir 10 Worte zurück.

10.12. Sehr kalt. Ich schätze minus 10 Grad. Aber im Stall ist es warm und in der Schlafkammer auch.

13.12. Der Bauer hat ein Schwein geschlachtet und für mich ist etwas abgefallen. Die Kälte ist gebrochen und es regnet.

15.12. in Wilhelmshafen zur Entlausung (ich habe keine Läuse) und zum Bad. Bad war wichtig. Aber ich hielt mich auch bei kaltem Wetter immer peinlichst sauber, um ja kein Ungeziefer zu bekommen.
Advent = Ankunft. Wir brauchen hier in Ostfriesland auch einen Erlöser, der uns heimholt.
16.12. Zum Mittagessen bei Frau Leiner.
18.12. In der Mühle in Garms um Brot.
21.12. Für die Kinder des Bauern (er hat 8 Stück) Kinderspielzeug gestrichen und nachher gut gegessen.
22.12. Weihnachtszuteilung an Tabak.
24.12. Weihnachten im Osterdeichshof. Abends in der Küche.
25.12. Heilige Messe im Kinosaal Tettens. Abends bei Leiner in der Küche.
28.12. Regen, Regen.
29.12. Im Kino „Der gebieterische Ruf".
Silvester im Stall und in der Kammer.
Das Jahr 1946 begann in Ostfriesland mit Regen.
Leider habe ich keinen Kalender erhalten können, sodass ich keine konkreten Aufzeichnungen mehr habe. Im Jänner war ich noch ein paarmal im Kino und Anfang Februar tat sich folgendes:
Einer von uns, ein Wiener, sagte einmal: Ich habe es satt, ich gehe nach Jever und fahre mit der Bahn nach Hause. Es muss ihm gelungen sein, er kam nicht wieder. Bald wusste man, wie dies ging. Am Bahnhof Jever war keine Besatzung und in Wilhelmshaven konnte man mit Glück ungestört einem Zug zusteigen. Wieder versuchten es einige und kamen durch. So machten auch wir, ein Wiener Schneider und ich, uns auf den Weg. Wir gingen um 2 Uhr früh weg. Früh waren wir in Wilhelmshaven. Ich traf unseren Gastwirt Pfaffl. Er kam durch, der Schneider und ich wurden geschnappt. Die Besatzung brachte uns nach Aurich in eine Kaserne – es waren Kanadier – und wir mussten einen Tag und eine Nacht dortbleiben. Bei dieser Verpflegung wären wir noch länger geblieben. Dann schickte man uns wieder auf den Osterdeichshof.

## Heimkehr

Um den 20. Februar ging ein Raunen durch Ostfriesland. In Aurich werden Züge zusammengestellt, jeden Tag geht einer nach Österreich und schon wurden auch wir, die Gegend von Tettens aufgerufen. Wir kamen nicht in eine Baracke, sondern in eine große Halle, einmal ein Lagerhaus. Nun kam das zermürbende Warten. Einteilung, Verpflegung fassen, Papiere abgeben, wieder aus. Inzwischen die Gerüchte: Jeder muss zu einem Vernehmungsoffizier, viele sind nicht mehr zurückgekommen. Davor hatte ich gar keine Angst. Die Engländer wissen genau, wen sie suchen. Und es ging wieder los: Einteilung, Verpflegung usw.

Aber einmal stand auch ich vor dem Vernehmungsoffizier, gab klare Antworten über Parteizugehörigkeit, die negativ ausfiel, über Stellung im Privatleben, über Ehe, Kinder und schon unterschrieb ein Offizier meinen Entlassungsschein. Es war nur mehr eine Frage von Stunden und ich saß im Zug. Es war am 3. März. Kein Viehwaggon, ein Schnellzugwaggon, geheizt und Verpflegung gab es auch im Zug. Die Fahrt verlief über Oldenburg, Osnabrück, Bielefeld, Kassel – die Bahnhöfe waren alle zerstört – und eines Morgens war ich schon in München und am Abend des 6. März in Salzburg. Ich kam wieder in ein Lager. Echtes Gefangenenlager mit Stacheldraht herum. Doch am 7. März konnten wir gehen. Ich lief in Salzburg herum. Vor 9 Jahren – unsere zweite Urlaubsreise führte Frieda und mich auch hierher – war ich das letzte Mal in dieser herrlichen Stadt. Es waren fast keine Kriegsspuren zu sehen. Noch im Laufe des Tages ging ein Zug. Auf Grund meines Entlassungsscheines bekam ich beim Roten Kreuz einen Fahrschein nach Wien, S 5,- in bar, 3 Zigaretten und 1 Stück Brot mit einer Konserve.

In der Nacht von 8. auf 9. rollten wir über die gefürchtete Ennsbrücke. Kein Russe öffnete den Viehwaggon, in dem wir logierten, und als es früh wurde, machten wir die Tür des Wagens auf und St. Pölten sah herein. Noch am Vormittag waren wir in Hütteldorf. Hier hieß es aussteigen. Mit der Straßenbahn fuhr ich bis Stammersdorf und dann ging ich zu Fuß. Auf der Höhe des Neuen Wirtshauses begegnete mir Schani Onkel (Johann Graindl). Er war auf dem Weg nach Wien. Nun erfuhr ich das erste Mal etwas über Wolkersdorf. Alles lebt. Mehr brauchte ich nicht zu wissen.

Mit beschwingten Schritt erreichte ich Wolkersdorf und hier begegnete ich als ersten Menschen meinen Freund Josef Lande, den verfolgten Konvertiten, den verschrienen Juden: Wir hatten Tränen in den Augen, als wir uns erkannten.
Noch ein paar Schritte und ich bog in die Hofgartenstraße ein. Frieda hatte schon erfahren, dass ich komme, durch wen weiß ich nicht. Sie wartete mit den Kindern. Daheim.
Dies war der 9. März 1946.

*Heimatland.*

*Trautes Hügelland*
*Wein- und Ackerfeld.*
*Dunkle Waldeswand,*
*dieses meine Welt.*

*Häuser kein und schief,*
*Heller Sonnenschein.*
*Aus dem Keller tief*
*duftend steigt der Wein.*

*Aus dem Föhrenwald*
*Kuckuck dir weissagt*
*Fern als Blaugestalt*
*das Gebirge ragt.*

*Opferstock und Bild*
*Inschrift unlesbar,*
*Manchem guter Schild*
*durch die hundert Jahr.*

*Bach sein Bett sich bog,*
*Wiesen da und dort.*
*Zwischen Grüngewog*
*liegt manch lieber Ort.*

*Ich zieh meinen Hut*
*Rundum geht der Blick*
*tief im Innern ruht*
*Heimatland und Glück.*

(geschrieben 1933)

# Dritter Teil

## 1946 – Wieder daheim

Nun war ich daheim. Heimat, Heimatland, Vaterland, Österreich. Aller Traum war wieder wahr geworden, und wenn auch die Heimat noch ein zerstörtes Antlitz trug und von einer Freiheit, die die Alliierten Österreich versprochen hatten, nur kleine Ansätze vorhanden und wir Österreicher noch lange entfernt waren, Herren im eigenen Land zu sein, so waren wir doch von der Tyrannis der Nazis befreit.

Am Montag, 11.3.1946 meldete ich mich auf der Gemeinde. Mir wurde die viersprachige Identitätskarte ausgestellt, ich erhielt die Lebensmittelkarten und August Kölndorfer, der als Hilfspolizist Dienst tat auf der Gemeinde, sagte mir, dass ich jetzt wie alle „Belasteten" (Mitglieder der NSDAP) irgendwo werde arbeiten müssen. Da konnte ich ihn beruhigen und ihm mitteilen, dass ich mit den Nazis nur im passiven Sinne zu tun hatte. Dann ging ich hinüber zur Sparkasse – die Sparkasse war ja im Rathaus untergebracht – und meldete mich zurück. Hier tat ein gewisser Skorepa, ein Flüchtling, als Leiter Dienst. Er gab mir 14 Tage Urlaub. So trat ich den Dienst am 25.3. endgültig an. Skorepa war nicht mehr da und ich wurde von der Verwaltungskommission, bestehend aus den Herren Traindl, Gepp und Weiss mit der provisorischen Leitung betraut. An Beamten gab es noch Graindl, Lewandowsky, Hördler und Leberwurst Käthe.

Zu Hause gab es viel Arbeit. Im Wohnzimmer hatten wir nur ein kleines Guckerl als Fenster. Die Fenster waren alle mit Holz vermacht, die Bomben hatten das Glas zerstört und ein Jahr nach Kriegsende war Glas noch immer Mangelware. Ebenso war es mit dem Brennmaterial. Frieda hatte Sägespäne für den Küchenofen, aber für den Zimmerofen gab es nichts. Doch dies fiel nicht so sehr ins Gewicht, da der Sommer vor der Türe stand. Schwieriger war es mit meiner Bekleidung. Meine Anzüge waren alle gestohlen. Schwägerin Resi Hofbauer half mir mit einem Anzug von Peperl aus, der in Italien als vermisst galt. Das Essen war schmal. An Kalorien kamen 900-1100 zur Verteilung, dabei wurden aber bei weitem nicht so viel Lebensmittel ausgegeben, da eben keine da waren. So war die Zeit des Hamsterns, unseligen Angedenkens aus der Zeit nach dem 1. Weltkrieg, wiedergekommen. So fuhr Frieda am 7. Mai bis

St. Pölten und noch weiter, um irgendetwas zu verscheuern und Brot heimzubringen.
Von Pepi Tante (Rötzer) bekamen wir jeden Tag 1/4 Liter Vollmilch für die Kinder, zusätzlich zur Milch aus dem Milchkasino. Für Erwachsene gab es nur Magermilch. Von Rötzer bekamen wir auch ein paar Erdäpfel, die wir am Ochsleitenacker anbauten. Ausgerechnet in diesem Jahr fiel kein Regen. Ich vermerkte in meinem Kalender unter dem 5. Mai 1946: „Seit ich zu Hause bin, der erste Regen."
Am 12. Mai war Muttertagsfeier bei Eckensperger, von der Frauenschaft der ÖVP. Und an diesem Tage erlebte ich eine große, große Freude. Traude sagte das „Österreichische Lied" von Anton Wildgans auf. In den Jahren 44/45, als es zu Ende ging, habe ich oft meine Briefe an Frieda mit den Worten geschlossen:

*Österreich heißt das Land,*
*da er´s mit gnädiger Hand*
*schuf und so reich begabt,*
*Gott hat es liebgehabt.*

Doch davon habe ich schon vermeldet. Und jetzt strömten die Worte aus dem Mund meines Kindes.

Am 1. Mai, dem Staatsfeiertag, war eine Kundgebung auf dem Rathausplatz aller drei Parteien, die ÖVP vertrat Josef Fritsch. Auch Russen waren anwesend. Sonst waren Russen in Wolkersdorf selten zu sehen, obwohl eine Ortskommandantur hier eingerichtet war.

In der Sparkasse ist fast kein Sparverkehr. Nach dem Schillinggesetz vom Dezember 1945, welches nicht die beabsichtigte Wirkung der Abschöpfung des Geldüberhanges hatte, da ja die Besatzungsmacht sich keinem österreichischen Gesetz unterwarf, war die umlaufende Geldmenge viel zu groß für die angebotenen Waren. Es war eine schleichende Inflation, denn jeder versuchte das Geld wieder in Ware umzusetzen. Nur im Giroverkehr waren mäßige Umsätze zu verzeichnen. Dies führte zur Kündigung von Lewandowsky, ein Jahr später musste auch Hördler gekündigt werden.

Die größte Sorge in dieser Zeit war immer die, den Kindern eine ausreichende Mahlzeit vorsetzen zu können. Einmal hörte ich, dass es bei Pöltinger in Bockfließ

Mehl zu kaufen gäbe. Ich fuhr mit dem Rad hinunter und stellte mich vor. Fini Krisco, jetzt Frau Pöltinger, erkannte mich wieder aus den Jahren 1931-1933, als sie bei Lande im Dienst war, und versorgte mich mit Mehl. Die Mehleinkäufe wiederholten sich oft und uns war damit sehr geholfen. Der Sommer war sehr trocken, aber der Wein gedieh prächtig. Frieda ging nach Eibesbrunn zu Rögner Lorenz lesen und brachte jeden Tag einen Kübel Trauben nach Hause. Das gab Kalorien. Im Herbst wird Holz abgegeben im Wald, auch wir gehen Holz maissen.

Die Russen halten täglich mit ihren Flugzeugen Manöver über unseren Köpfen und schießen ärger als bei den Kämpfen in Russland. Nachts schrecke ich oft aus meinen Kriegsträumen auf, denn die Erlebnisse waren noch lange nicht verdrängt. Wir ernten unsere Erdäpfel und aus dem Garten Gemüse. Schwiegervater hilft uns überall. Graindl hat mir einen Hasen geschenkt und so haben wir eine Kaninchenzucht angefangen. Auch Mutter unterstützt uns, wo und wann sie kann. Später kamen auch Hühner dazu. Holz haben wir für den Winter eingelagert, aber Kohle gibt es keine. Anfang Dezember beginnt es zu regnen und auch am 80. Geburtstag meines Schwiegervaters regnet es. Doch anschließend wird es kalt und die Temperatur sinkt unter -10 Grad. Zu Weihnachten gibt es außer Kälte wenig Geschenke.

## Wiedererblühen von Kultur- und Wirtschaftsleben – 1947

Das Wetter bleibt auch zu Beginn des Jahres 1947 kalt und jeder sehnt sich nach dem Frühling. Doch wir müssen bis Ende März warten. Dann gibt es gleich eine Überraschung. Auf die Kälte folgt eine Überschwemmung. Die Sparkasse gibt Holz ab im Rustenwald. Doch wir können nicht hin, denn die Hofgärten sind vom Altersheim an überschwemmt.

Im Frühling des Jahres 1947 beginnt sich langsam auch kulturelles Leben zu regen. Scharbl und Engerth gründen das Konzertorchester, in welchem ich Cello spielte. Auch am Kirchenchor spielte ich Cello. Mathias Potsch gründete eine Tanzkapelle, in der ich den Baß geigte.

Die 1946 gegründete Turn- und Sportunion begann sich zu regen. Wir arbeiteten alle mit, war die Union doch eine Nachfolgerin der Christlich-deutschen Turnerschaft. Die Feuerwehr mit Hauptmann Otto Schleifer ersuchte mich um

Mitarbeit, ebenso der Bezirksfeuerwehrkommandant Josef Gössinger, den ich im Bezirkskommando unterstützte. Ich sagte aber bei beiden „Ämtern“ nur unter der Bedingung zu, keine Uniform tragen zu müssen.

Im Mai spielen wir (Kapelle Potsch) bei Eckensperger zum Tanz. Der Saal ist überfüllt. Jeder will Unterhaltung nach Krieg und Nachkriegszeit. Mathias Potsch ist nicht nur Kapellmeister, sondern auch Komponist, seine Musik geht ins Gehör und ist überall beliebt. Seine Walzer- und Marschpotpourien sind nicht minder gefragt. Wir spielen auf dem Kirtag, bei Klaus, in Pillichsdorf, Gr. Engersdorf und dazwischen wieder in Wolkersdorf. Einmal spielten wir sogar im Zirkus, der auf dem Spielplatz sein Zelt aufgeschlagen hatte.

Richard in der Sparkasse, 1953

Am 11. Dezember 1947 tritt das Währungsschutzgesetz in Kraft. Es beginnt der Geldumtausch. Bei der Sparkasse lagerten 1 1/2 Millionen Schilling. Da die Versicherung nicht so hoch war, blieben wir Beamte, verstärkt durch Gemeindebedienstete, über Nacht als Wache bei den Kassen. Je Bewohner werden 150 Schilling 1:1, das übrige Bargeld 1:3 umgetauscht.

Die Sparkonten werden aufgeteilt in Neu-, Alt- und Konversionsguthaben (jeweils 40%) die restlichen 60% bleiben Sperrkonto. Bar verfügt konnte nur über Neuguthaben werden. Über Alt- und Konversionsguthaben kamen Wertpapiere, die Bundesschuldverschreibungen 1947, zur Ausgabe. Die Sperrguthaben wurden an den Staat abgeführt und waren für die Leute verloren. Nach dem Geldumtausch war das Geld knapp und es kamen viele Waren zum Vorschein. Die ärgste Zeit der Geldmisere war vorbei. Auch die Sparkasse konnte wieder auf Geschäfte hoffen. Aber noch war es nicht so weit.
Wenn auch in Mittel- und Nordeuropa kein Krieg ist, so schließt das Jahr mit Krieg in China, Griechenland und Palästina.

**1948**

Am 30. Jänner 1948 wird Mahatma Gandhi, der Vater Indiens, in Neu Delhi erschossen. Am 3. Februar bin ich in Wien und erhalte durch Kardinal Innitzer in der Kirche am Hof den Blasiussegen. Die Kirche am Hof war bis zur Renovierung der Stefanskirche Sitz des Kardinals.
Im Fasching spielt die Kapelle Potsch zu den Bällen auf. Bei meinen Spaziergängen durch den Wald entdecke ich immer wieder große Stapel von Munition. Ende März 1948 kommt ein Sprengkommando und räumt damit auf.
Bei der Union proben wir fleißig den „Jedermann“ von Hugo von Hofmannsthal. Josef Stöger ist Spielleiter und Jedermann, Buhlschaft Marianne Wernhart, ich bin dicker Vetter und Koch (Potz Maus), Wolek Rudi der Tod, Tinkl Walter guter Gesell, um einige zu nennen. Die Aufführung findet am 7. Mai im Schlosshof statt. Schaurig schallen die Jedermannrufe vom Schlossturm, von den Gängen, von überall (Park) her. Sehr guter Besuch und noch bessere Aufführung. Seit 1932 – dem Jahr der Aufführung des „G’wissenswurm“ – hat es so etwas in Wolkersdorf nicht mehr gegeben.
Frieda fährt im Juli mit Reinhard nach Schauboden. Diese Erholung geht von den Pfadfindern unter Leitung von Adolf Saul aus. Frieda ist als Köchin engagiert.
Die Feuerwehr feiert im August das 70. Gründungsfest: Weihe von Auto, Motorspritze und Schaumlöschgerät.

19.12. Feierliche Wiedereröffnung des Domes zu St. Stefan. Unser Dachdeckermeister Johann Jandl hatte an der Eindeckung maßgeblichen Anteil.
Die Kommunisten haben in Ungarn Kardinal Mindszenty verhaftet.
Im Kirchenchor wird zu Weihnachten die Kreutzermesse in A-Dur aufgeführt.

**1949**

Das Jahr beginnt mit Regen. Erst Ende Jänner wintert es zu und erst Mitte März wieder auf. Am 24.4. ist Fahnenweihe der Pfadfinder.
11.5. Visitation durch Kardinal Innitzer im Dekanat. „Jedermann"-Wiederholung vor dem Kardinal. Steigende Preise und Löhne machen ein Preis-und Lohnabkommen nötig.
Am 17.7. ist Kirtag und Glockenweihe. Wir, Kapelle Potsch, spielen – glaube ich – das letzte Mal in Wolkersdorf auf. In der Umgebung geht es noch weiter. Vom Musikantengeld habe ich das Haus putzen lassen.
Die Proben beim Konzertorchester gehen auf Hochtouren. 1949 ist der 100. Todestag von Johann Strauss Vater und der 50. von Johann Strauss Sohn. Dirigent Alexander Scharbl stellt ein herrliches Programm zusammen. Die Aufführung ist ein großer Erfolg und wir wiederholen das Konzert in Gr. Ebersdorf und Bockfließ.
Im September bekommen die Straßen Namenstafeln und die Häuser laufende Nummern an Stelle der Konskriptionsnummern. Ab Oktober braucht man in den Gasthäusern keine Lebensmittelmarken mehr. Der Kolomanimarkt (13.10.) hat schon eine ansehnliche Länge. Im Herbst sind Nationalrats-und Landtagswahlen. Ich lege die Sparkassenprüfung III ab (mit Erfolg) und meiner Ernennung zum definitiven Sparkassenleiter (bisher provisorisch) steht nichts mehr im Wege. Die Ernennung wird im Dezember 1949 durchgeführt.
Der Dezember schließt sehr warm, sodass die Bauern noch am 28. ackern.

**1950**

Die letzten Rationierungsmaßnahmen sind gefallen. Im Orchester wird fleißig geprobt. Wir bereiten ein Konzert im Frühling vor. Das Jahr beginnt mit Plustemperaturen und die Bauern ackern das Jahr ein so wie sie 1949 ausgeackert haben.

Die Union hält einen Dirndlball. In Amerika baut man an der Wasserstoffbombe. Als eine Neueinführung wird der 14. Februar, der Valentinstag, als Tag des Blumenschenkens, gefeiert. Fliegende Untertassen „UFOs“, unbekannte Flugobjekte, geistern angeblich über Amerika und Europa am Himmel, aber ich glaube mehr noch in den Hirnen mancher Verschrobener.

Am 26.3. wird der Verschönerungsverein neu gegründet.

2.4. Im Maria Lourdes Kloster werden zwei Glocken geweiht. Frieda ist Glockenmutter, zusammen mit Pepi Kubicek. Initiatorin der ganzen Sache ist wie immer und überall die liebe Schwester Oberin Agnesia, die keinen Weg scheute, nur dass die Kapelle wieder Glockengeläute hatte.

7.5. Gemeindewahlen: ÖVP 11 Mandate, SPÖ 8 Mandate.

Zwischen Nord- und Südkorea – sprich Kommunisten und Amerikanern – ist der Krieg ausgebrochen.

30.6. + 37 Grad im Schatten, heißester Tag des Jahres und überhaupt seit langem.

20.8. Im Osten brennt es. Bei Malacka in der Slowakei ist einer Erdölsonde in Brand geraten.

27.8. Riesentombola der Feuerwehr auf dem Spielplatz und Schlossplatz. Graindl und ich haben die Hauptverrechnung. 10.000 Karten verkauft, 5000 Besucher. Mit Fahrrädern, Autos, Autobussen, mit Pferd und Wagen, die Umgebung zu Fuß, so kamen sie. Ein richtiges Fest mit Kirtagsstandeln, Schießbuden, Luftballon. Der 1. Preis ging an einen Floridsdorfer. Später stellte sich heraus, dass er das Los gefälscht hatte.

3.9. Mit Frieda in Pillichsdorf bei der Aufführung der Krönungsmesse.

4.9. Im Kino „Der dritte Mann“ gesehen.

15.9. Die Orchesterproben beginnen.

23.9. Die Weinlese beginnt. Die Hofgartenstraße wurde asphaltiert, die Adlergasse bekam einen Betonbelag.

4.10. Die KPÖ versucht in einem Generalstreik Österreich oder wenigstens Ostösterreich – das von den Russen besetzte Gebiet – zu einer Volksdemokratie zu machen. Die Kommunisten scheitern am energischen Widerstand, der Koalition zwischen schwarz und rot, besonders an Innenminister Helmer, trotz Unterstützung der Besatzungsmacht.

Neben Kirchchor und Orchester hat Fachlehrer Ferdinand Zott im November einen Chor zusammengestellt, der ebenfalls probt. Auch wir sind dabei.
10.12. Große Lichterprozession. Glaubenssatz: Maria auch leiblich in den Himmel aufgenommen. Wenn ich da heute, zwanzig Jahre später Ansichten der Theologen in der „Kirchenzeitung" über Auferstehung des Fleisches, Himmel usw. lese, ist hier ein gewaltiger Wandel vor sich gegangen.
14.12. Bundespräsident Renner feiert seinen 80. Geburtstag.
In London verhandelt man in der 258. Sitzung über den österreichischen Staatsvertrag ebenso ergebnislos, wie in den 257 vorhergegangenen.
31.12.1950: Bundespräsident Renner, präsent für die 1. wie auch die 2. Republik, ein verdienstvoller, ausgleichender Mann, ist gestorben.
Im Jahr 1950 wurde die ordentliche Verwaltung in der Sparkasse eingeführt. Die Verwaltungskommission wich dem Vorstand und Verwaltungsausschuss.
Zu Weihnachten spielten und sangen wir sowohl in der Pfarrkirche als auch in der Lourdeskapelle zur Mette. Und dann war noch das Hochamt in der Pfarrkirche und dann noch musikalischer Segen. Und so ging es durch Jahre.
Das Jahr schließt. Aber die mit großer Hoffnung im Jahre 1945 gegründeten Vereinten Nationen, die UNO, können den Krieg in China und Indochina nicht verhindern.

## 1951

Das Jahr beginnt mild und der Winter bleibt mild. Tiefste Temperatur einmal im Jänner - 5 Grad.
Jeden Samstag ist Ball.
13.1. Rennergedenkfeier in der Schule. Scharbl, Engerth, Stöger (Barci) und ich spielen das Andante aus dem Quartett Nr.6 von Mozart. Dies war sogleich die Geburt des Streichquartettes, welches bis 1959 hielt. Die Noten waren alle von mir zur Verfügung gestellt und ich hatte sie von Schwiegervater Adolf Sosnowicz.
11.3. Unser Trompeter Kühschelm aus Schleinbach hat das Orchester gebeten, einmal in Schleinbach zu spielen. Heute war das Konzert.
Wolkersdorf hat immer ein Konzertorchester gehabt. Heute nicht mehr (außer der Blasmusik). Schwiegervater erzählte von seinem Vater Adolf Sosnowicz, der

Bürgermeister war von 1890-1896 und nebenbei Vollblutmusiker, dass in dessen Zeit, so in den 80er Jahren glanzvolle Aufführungen von Teilen der „Schöpfung“ und der „Jahreszeiten“ stattfanden. Auch das Orchester war immer gut besetzt, dies zeugen die Instrumente, die noch vorhanden sind (Fagott). Mein sehnlichster Wunsch war, als ich Violine spielen lernte, einmal bei einem Orchester mitzuwirken. So konzertierte ich in den Jahren 1926 bis 1929 im Schlaucherlorchester unter der Leitung von Alexander Scharbl.

Im Gesangsverein bildete sich unter der Leitung von Dir. Josef Schneider, Strus und Haas ein Hausorchester und in diesem Orchester spielte ich ab 1929 mit. Scharbl leitete dann im Jahre 1932 ein Orchester, welches die Musik zum „G'wissenswurm“ begleitete. Bei allen Liedertafeln spielte ein Orchester, so 1934-1937 unter Leitung von Josef Engerth. Als ich einmal auf Heimaturlaub war, es war am 30.1.1943, musste ich zu einer NS-Veranstaltung und auch da spielte eine kleine Kapelle.

Und wie schon angemerkt, gründeten nach dem Krieg Engerth und Scharbl das Konzertorchester Wolkersdorf. Es waren nicht nur Wolkersdorfer, sondern auch Musikanten aus der Umgebung. Bester Trompeter war Obl. Kühschelm aus Schleinbach. Bester Bassgeiger Klösl aus Obersdorf. Klösl hatte einmal zu viel getrunken und fiel samt der Bassgeige um. Josef Stöger (der Baci oder Gerichtsstöger) war Universalgenie. Er spielte Geige, Viola und Horn. Ludwig Rauscher, der Klaviertiger erzählte uns seine „Lozelachs“ (kleine jüdische Witze) oder sprach in Schüttelreimen.

*Ein Auto fuhr durch Gossensass*
*die Gass war eine Sossengass,*
*sodass die ganze Gassensoss.*
*sich über die Insassen goss.*

1958 kam Scharbl nach Gr. Engersdorf. Engerth widmete sich immer mehr der Blasmusik. Und Ende 1959 bestand das Orchester nur mehr auf dem Papier. Zu Beginn des Jahres 1959 bestritt es noch die Haydnfeier, jedoch zur Schülerfeier im Herbst spielte nur mehr unser Quartett (Scharbl, Engerth, Stöger und ich) das Kaiserquartett.

Nach Kriegsende bestand großer Bedarf an Unterhaltungs- und Tanzmusik. Jeder, ob jung und alt, wollte das grausige Erleben der Kriegszeit abschütteln. Und wie ging dies besser als bei Tanz und Musik.

So gründete Potsch 1946 eine Tanzkapelle und lud mich ein, Bassgeige zu spielen. Wir probten in Potsch's Wohnung im Mauserhaus, jetzt Möbelhaus Haselböck, Potsch stellte Noten zur Verfügung, war selbst Komponist und leitete so eine Tanzkapelle, die sich allgemeiner Beliebtheit erfreute.

Bester Schlagwerker war Hickl, der wie ein Metronom arbeitete. Einmal gegen Ende der Spielzeit (1949) vertrat ihn Ludwig Rauscher, aber Wickerl schlief ein paarmal ein. Ein Glanzstück war der Klarinettist Schani Schnabl. Wenn das Publikum einen „Runden" wünscht, dann spielte der den „Gschludraten", ein Solostück für sein Instrument. Nach Kriegsende war die Verpflegung sehr mager. Wir bekamen aber auf den Kirtagen in Wolkersdorf und Umgebung und auf den Bällen bestes Essen.

Mit dem Aufkommen der importierten amerikanischen Schlager in den Musikautomaten löste sich die Kapelle auf. Wir waren nicht mehr gefragt. Die neue Welle hat das Althergebrachte überrollt. Aber schön war es doch im Konzertorchester und in der Tanzkapelle zu spielen. Wehmütig gedenken Potsch Mazl und ich noch heute (1971) der schönen Zeit.

Wolkersdorf hat ein USIA-Geschäft. Hier werden Waren aus den von den Russen beschlagnahmten ehemaligen deutschen Betrieben und aus den Ostblockstaaten verkauft. Da sie keiner Steuer unterliegen, sind sie dementsprechend billig. Großer Schaden für die Geschäftsleute und den Staat.

5.3. Leichenbegräbnis meines Freundes Josef Lande.

Durch eine kluge Politik Raabs und Kamitz tritt Vertrauen in die Währung ein und die Einlagen steigen sprunghaft.

## Das Jahr 1955, das Jahr der Befreiung.

In den Zeitungen sind Hinweise, dass Molotow eine Äußerung gemacht haben soll, unter welchen Bedingungen Moskau bereit wäre, über den Abschluss eines Staatsvertrages mit Österreich zu diskutieren.

11.4. Bundeskanzler Raab, Vizekanzler Schärf, Außenminister Figl nach Moskau abgeflogen. Sie sollen uns den Staatsvertrag bringen. Banges Warten in Österreich.

15.4. Österreichs Regierungsdelegation aus Moskau zurück.
Raab verkündet: „Österreich wird frei."
17.4. Großer Jubel, Beflaggung der Gebäude, Kränze vor dem Russendenkmal am Rathausplatz.

**15.5.1955**

Heute wurde um 11:30 im Belvedere in Wien der Staatsvertrag unterzeichnet: Unterzeichner waren die Außenminister Molotow (Russland), Dulles (USA), Mac Millan (England), Pinay (Frankreich) und Figl (Österreich).
Um 12 Uhr läuteten alle Glocken in Österreich.
Am Nachmittag fuhren wir mit Lande Pepi nach Wien, Reinhard, Frieda und ich ließen am Ring die Außenminister vorbeifahren. Molotow, in einer kugelsicheren, verschlossenen schwarzen Limousine, alle anderen im offenen Wagen und allen sichtbar. Als auch die Regierung vorbeikam, rief auf einmal Reinhard: „Der Illig!" Illig war ein unter Durchschnitt kleiner Mann und Handelsminister.
Dann drängten wir uns vor der Hofburg und schließlich zeigten sich alle 5 Hand in Hand am Balkon des Präsidentschaftspalais. Dann ging es zum Tedeum in den Stefansdom. Als Raab bei uns vorbeischritt, erhaschte Reinhard seine Hand, und diese Episode hat Reinhard Raab geschrieben. Dafür bekam er ein Bild des Bundeskanzlers mit Widmung und Begleitschreiben.
Am Abend war trotz Regens Tanz in allen Straßen Wiens.
27.5. Gleichenfeier am Sparkassenneubau in der Bachgasse.
Orchesterprobe.
29.5. Pfingsten: Festmesse von Josef Stöger, Orchesterkonzert unter Leitung von Scharbl.
4.6. Firmung von Reinhard (Göd Onkel Lois) und Peperl Hofbauer (Göd ich).
7.6. Der Staatsvertrag wird vom Parlament einstimmig angenommen.
8.6. Unterzeichnung des Staatsvertrages durch Bundespräsident Dr. Theodor Körner
In dieser Zeit viel Arbeit mit der Einrichtung der neuen Sparkasse.
12.6. Umgang
23.6. Raab schreibt Reinhard.

2.7. In Wien bei Prof. Keppel, der das Sgrafitto am Vorbau der Sparkasse in Richtung Haasgasse anbringt (heute schon „Wimmerl“ geheißen) und bei Prof. Moiret, der die Eingangstür gestaltet.

*Verwaltungsausschuss der Sparkasse Wolkersdorf in der Haasgasse;*
*v.l.n.r. Josef Krammer, Richard Nowotny, Josef Fritsch, Rudolf Traindl, Franz Weiß (Tischler)*

22.7. Stall geworfen. Wir machen einen Zubau im Hof mit Zimmer, Küche, Bad und Waschküche. Hermann Hofbauer hilft mir dabei, 1000 Ziegel zu putzen. Am 2.8. ist der Baubeginn unseres Zubaues.
Das Kriegerdenkmal in Wolkersdorf wird abgetragen und die Trümmer auf dem Friedhof verstaut. Der Schöpfer Prof. Zelezny hat den österreichischen Infanteristen verherrlicht und so die Nachwelt erinnert, welch Schicksal jeder der Soldaten von 1914-18 trug. Nun liegt eine nackte nichtssagende Figur dort.
21.8. Ich fahre mit dem Rad nach Pirawarth, hier ist wieder ein neues Heilbad im Betrieb.

Inzwischen haben die Staatsvertragsstaaten den Vertrag ratifiziert und die alliierten Truppen müssen Österreich binnen 90 Tagen verlassen. Der „Alliierte Rat“ in Wien löst sich auf. Die „Vier in einem Jeep“ (je ein russischer, amerikanischer,

englischer und französischer Soldat in einem Auto) verschwinden aus dem Wiener Stadtbild.
25.9. Fest der Traube. Die letzten russischen Soldaten sind aus Österreich abgezogen.
30.9. Das Sgrafitto wird am Sparkassengebäude angebracht.
9.10. Kardinal Dr. Th. Innitzer ist gestorben (in caritate servire). Am 11.10. in Wien mit Frieda an der Bahre Kardinal Innitzers vorbeigezogen. 14.10. Begräbnis des Kardinals. Am 17.10. findet die Totenfeier für Kardinal Innitzer in Wolkersdorf statt.
22.10. Operneintrittskarten für mich und Reinhard erhalten.
25.10. Österreich erklärt seine immerwährende Neutralität. Ab heute ist Österreich frei von allen Besatzungstruppen. Große Befreiungsfeier, Fackelzug und Rede von NR Dr. Herman Withalm.
30.10. – 3 Grad. Weihe des neuen Kriegerdenkmals.
5.11. Eröffnung der wiederhergestellten Oper in Wien.
Unser Zubau ist fertig, es fehlt nur noch der Fußboden.
26.11. Mit Reinhard in der Staatsoper: „Aida" unter Raphael Kubelik.
30.11. Fernsehen in Österreich. Probesendungen bei Elektro Chunn (Schreiberhaus) gesehen.
3.12. Man gedenkt meines 25-jährigen Dienstes in der Sparkasse. Verbandsanwalt Domes anwesend. Bei Reich kleine Feier.
9.12. Terrazzo im Anbau fertig. Der ganze Herbst ist kalt und voll Regen.
15.12. Österreich wird in die UNO aufgenommen.
20.12. Promotion von Dr. Alexander Scharbl.
Zu Weihnachten wieder in Kapelle und Kirche.
26.12. Traude nach Annaberg zum Schikurs.
Es regnet und regnet.
31.12. Die 4 1/2 Millionengrenze bei Spareinlagen wird überschritten.

# Erinnerungen

**Verschiedene Erinnerungen, die mir wert scheinen, aufgezeichnet zu werden**

Mit 4 1/2 Jahren hatte ich eine Augenkrankheit, die meine Großmutter, Klara Galler, mit Milch gesund behandelte. Ebenfalls in dieser Zeit fiel ich auf einen mit frischer Schlacke beschütteten Weg und zog mir eine arg schwärende Wunde am rechten Knie zu; die Narben kann man heute noch sehen.

In den Kindergarten ging ich nicht. Ich war immer mit Mutter und Großmutter auf dem Feld, schlief im Schatten von Weinstöcken und erlebte die Natur auf der romantischen, weißen Stixenkräutergstettn (Großmutter hatte dort einen Weingarten).

Anfang der 20-er Jahre, als mein Vater viel in der Umgebung arbeitete, durfte ich sonntags immer auf dem Fahrrad (Stangenreiter) in die umliegenden Orte mitfahren – Vater kassierte die Rechnungen – und so lernte ich früh die Orte bis Manhartsbrunn, ja bis Hagenbrunn kennen, auch die Leute, wie die Knie, Kien, Riepl, Stich, und vor allem die Natur kennen.

Im Jahre 1923 war auf der Waldwiese ein großes Fest, dessen Reinertrag für die Errichtung des Kriegerdenkmals, welches dann Prof. Zelezny schuf, bestimmt war.

So im Jahre 1922 hatte ich selbst Rad fahren gelernt und zwar auf einem Ewigtreter (ohne Freilauf), den ich bei Galler aufgestöbert hatte.

Als der Mord an dem Gendarmen Ertl im Jahre 1923 am Obersdorferberg geschah, war dort noch ein kleines Wäldchen. Prof. Zelezny hat es im Relief auch angedeutet.

In gewaltiger Erinnerung ist mir noch der Eisstoß auf der Donau im Februar 1929, der eine Länge von über 1000 km hatte.

Im Jahre 1925 war am Christtag früh ein arges Gewitter. Mutter und ich waren allein zu Hause, denn Vater war schon in der Mette. Ich fürchtete mich sehr.

Ebenfalls 1925 wurde das Schillerdenkmal aufgestellt, und zwar vor der Schillereiche, die man umgeschnitten hat – 1905 gepflanzt. Alle Schüler unterschrieben sich auf Papierrollen, welche in einer Metallkapsel im Grundstein versenkt wurden.

Im Jahre 1924 erschien die erste Heimatkunde von Direktor Karl Krexner, die mir nun sinnfällig meine Liebe zur Heimat vor Augen führte.

Ich liebte ab damals noch mehr die Fluren, Wiesen und Äcker, die ich nun mit Namen kannte. Aber noch mehr für die Vergangenheit von Wolkersdorf weckte das Buch in mir das Interesse.

Die deutschen Turner ließen nach Aufstellung des Kriegerdenkmals ihre gefallenen Turnbrüder am Jahnstein eingraben. Darunter ist auch der Name Karl Galler, mein Onkel.

im Jahre 1925 war am 29.6. eine fast totale Sonnenfinsternis, auf die ich mich noch sehr gut erinnere und die viel Eindruck auf mich machte. Nun, da ich mich später mit Astronomie beschäftigte, konnte ich für 1961 nach dem Saroszyklus für den Tag voraussagen – diese Finsternis nämlich – sie war aber bei uns nicht zu sehen.

Im Jahre 1924 begann Radio Wien seine Sendung am Stubenring, später Rosenhügel: „Hallo, hallo hier Radio Wien auf Welle 530“. Pausenzeichen war Wecker. Ein Liebling des Publikums war damals die Kapelle Bert Silving.

10 Jahre Rundfunk im Jahre 1934 brachte ein Wunschkonzert. Man durfte sich etwas wünschen, ich wünschte mir Till Eulenspiegel von Richard Strauss, die „Fünfte“ von Beethoven und den „Feuervogel“ von Strawinsky. Zwei gingen in Erfüllung. Till und die Fünfte.

Im Jahre 1929 kam das Luftschiff „Graf Zeppelin“ nach Wien. Vom Geltlberg war gut zu sehen, wie die Riesenzigarre zwischen Leopoldsberg und Bisamberg im Donautal herabkam und schließlich in Aspern ankerte.

In diesem Jahr war auch ein Seiltänzer in Wolkersdorf, der sein Seil vom Rathausboden zu einem Mast in Richtung Trauer-Wirtshaus spannte und darauf seine Kunst zeigte. Buben, die vom Boden aus mit Stricken das Seil fixierten, zahlten nichts. Sie mussten immer dem Kommando des Tänzers „anziehen und ruhig halten“ nachkommen. Zum Abschluss setzte der Tänzer einen Helm auf und aus diesem sprühte ein herrliches Feuerwerk.

In den Jahren 1929 und 1930, wenn Tante Johanna mit den Rothschilds – sie war bei diesen beschäftigt – aus dem Urlaub vom Hultschinerländchen in der CSR im Herbst durchfuhr, fiel für uns immer ein Fasan oder auch zwei ab.

1931 war die Tourist-Trophy auf dem Rundkurs Alleegasse-Münichsthal-Ulrichskirchen-Riedenthal, Brünnerstraße, Wolkersdorf. Bedeutendster Fahrer war damals Runtsch. Ich erinnere mich noch an einem Artikel im „Abend“, der die

Überschrift „Der Runtsch kimmt“ trug. Dieser Artikel sollte die zusehenden Bauern, die „Schwarzen“, verhöhnen. Der „Abend“ war eine rote Zeitung.
1931 brachte die Creditanstaltskrise und der Zusammenbruch derselben schwere Zeit für die Sparkasse. Angstabhebungen. Und sie brachte auch den wirtschaftlichen Niedergang Österreichs.

**Das Nordlicht vom 25. Jänner 1938**

Es war nicht ein Nordlicht, gleich wallenden Vorhängen, wie ich Nordlichter später in Russland sah. Es waren feuerrote Lichtansammlungen am Himmel, die kaum vergingen und anderer Orten wieder auftauchten.
Dieses Nordlicht narrte die Feuerwehren. Die Groß Ebersdorfer vermeinten einen Brand in Wolkersdorf, die Wolkersdorfer einen über dem Wald in Richtung Bockfließ.
Vielen war es aber ein böses Omen.
Der 13. März sollte diesen recht geben.

**Begebenheit in M.-Gladbach:**

So etwas gab es auch!
Eines Tages stand ein Unterfeldwebel, also ein Zugsführer, ein Österreicher, aus dem Weltkrieg 1914-18 vor mir und meldete sich. Er sei aus Wien nach Gladbach versetzt. Er bitte um Verpflegungskarte usw. Sein Name ASCHKENASI. Ich frage ihn, wie er denn überhaupt eingezogen wurde. Er erzählte mir, er war schon im Krieg in der Fliegerei und nach dem Krieg Kunst- und Reklameflieger. Er malte Werbung in den Himmel. Ich fragte ihn noch Verschiedenes. Er, als Wiener, freue sich einen Landsmann gefunden zu haben. Ich machte eine Bemerkung, „Ja, aber ...“. Er verstand. Er war doch Jude. Wie er zu Hitlers Wehrmacht kam, weiß ich nicht. Ich sagte ihm, er solle verschwinden, nur weg. Ich kenne die Leute hier. Er verschwand. Wie weiß ich nicht.

## Nachwort

Die berührenden Worte des Bundeskanzlers Leopold Figl aus seiner Weihnachtsansprache vom 24.12.1945 „Ich kann euch zu Weihnachten nichts geben. Ich kann euch für den Christbaum, wenn ihr überhaupt einen habt, keine Kerzen geben. Ich kann euch keine Gaben für Weihnachten geben. Kein Stück Brot, keine Kohle zum Heizen, kein Glas zum Einschneiden... Wir haben nichts. Ich kann euch nur bitten, glaubt an dieses Österreich ...“ sind in das kollektive Gedächtnis der Österreicher eingegangen. Es ist ein ergreifender Ausdruck der bitteren Not und Verzweiflung, die für uns nachfolgende Generationen nur mehr schwer zu erfassen sind. Umso dankbarer bin ich, dass mein Großvater Richard Nowotny uns Aufzeichnungen hinterlassen hat, die seine Wahrnehmungen in politisch und wirtschaftlich dramatischen Zeiten beschreiben und uns insbesondere mit den Geschehnissen während des 2. Weltkriegs konfrontieren. In seinen Aufzeichnungen gelingt es ihm die weltpolitischen Ereignisse in seine persönlichen Erlebnisse einzubetten, teils schlicht und distanziert, teils emotional und pointiert, wechselnd zwischen Aufarbeitung und Verdrängung. Es ist ein zutiefst menschliches Werk, welches – wohl stellvertretend für viele – den Kampf um das Überleben und die Hoffnung auf ein besseres Leben eindrücklich wiedergibt. Die vielen Bezugspunkte zu seiner Heimat Wolkersdorf, seien es Personen, Örtlichkeiten oder das Gemeindeleben betreffend, machen diese Aufzeichnungen auch zu einer reichen Quelle einer vergangenen Zeit und geben uns einen sehr persönlichen und lebendigen Einblick in das Leben früherer Generationen.

Die Aufzeichnungen wurden von meinem Großvater an Hand seiner Kalendereinträge auf über 100 Seiten mit einer Schreibmaschine auf losen Blättern verfasst und werden bis auf kleine Korrekturen im Original wiedergegeben. Beim Lesen ist daher zu berücksichtigen, dass die Aufzeichnungen um ca. 1970 verfasst wurden und über Begebenheiten erzählt wird, die zu diesem Zeitpunkt bereits 25 bis 50 Jahre zurücklagen. Daher werden auch Ausdrücke verwendet, die heute nicht mehr gebräuchlich sind oder als diskriminierend gewertet werden.

Alle Ortsangaben, die sich im Übrigen seit 1945 teils erheblich geändert haben, wurden soweit wie möglich nachrecherchiert und gegebenenfalls mit einer nachvollziehbaren Ortsbezeichnung versehen. Auch die lokalen Bezugnahmen zu Örtlichkeiten in Wolkersdorf haben sich seit 1970 erheblich geändert. Die Sparkasse Wolkersdorf, ein von der Gemeinde im Jahr 1871 gegründetes gemeinnütziges Bankinstitut, hatte seinen Standort in der Bachgasse, dann in der Haasgasse. Die Wirtshäuser Eckensperger an der Brünnerstraße und Reich beim Bahnhof sowie das Möbelhaus Haselböck am Julius-Bittner-Platz und das Kino in der Hofgartenstraße sind bereits Vergangenheit.

**Danksagung**

Ich möchte mich bei allen bedanken, die mich bestärkt haben, die Lebens-erinnerungen meines Großvaters zu veröffentlichen, und mir wertvolle Rück-meldungen und Anregungen dazu gegeben haben.

Ein ganz besonderer Dank gilt meiner Mutter Agnes Nowotny, die mich in jeder Phase unterstützt und motiviert hat und durch ihre unermüdliche Recherche Fotos und andere Dokumente zur Illustrierung dieses Buches aufgestöbert hat.
Meiner Schwester Susanne Nowotny danke ich für ihr Feedback und sorgfältiges Lektorat, welche dem Buch den letzten Schliff gegeben haben.
Bei meinem Mann Walter Mösenbacher möchte ich mich für die mannigfaltige Unterstützung während des gesamten Prozesses bedanken. Insbesondere seine Idee für das Cover sowie die Text- und Bildgestaltung, einschließlich sämtlicher Bildbearbeitungen, machen die vorliegenden Lebenserinnerungen zu einem ausdrucksstarken Werk.
Abschließend möchte ich mich bei meiner Tante Gertraud Scharbl bedanken, für das Vertrauen, das sie in mich gesetzt hat, und für die wertschätzende und aufmerksame Begleitung des Buchprojekts von der ersten Idee bis zur Veröffentlichung.

# Anhang

## Abkürzungen

| | |
|---|---|
| a. Kr. | auf Kriegsdauer |
| AOK | Armeeoberkommando |
| DAF | Deutsche Arbeitsfront |
| Fieseler Storch | Fi 156; STOL-Flugzeug |
| GFM | Generalfeldmarschall |
| Krad | Motorrad; Abkürzung für Kraftrad |
| KVK | Kriegsverdienstkreuz |
| Lw.Kd Ost | Luftwaffenkommando Ost |
| Lt. | Leutnant |
| NSKK | Nationalsozialistische Kraftfahrkorps |
| NSV | Nationalsozialistische Volkswohlfahrt |
| Oberwm | Oberwachtmeister |
| Ofw, Fw | (Ober)feldwebel |
| OKW | Oberkommando der Wehrmacht |
| RAD | Reichsarbeitsdienst |
| Rata | sowjetisches Jagdflugzeug |
| Stuka | Sturzkampfflugzeug Junkers Ju 87 |
| Uffz. | Unteroffizier |
| U-Lehrgang | Unteroffizier-Lehrgang |
| UK | unabkömmlich |
| VF | Vaterländische Front |

## Ortsangaben

| Ortsbezeichnung | Heutige Bezeichnung |
|---|---|
| Alexandria | Oleksandrija, Ukraine |
| Allenstein | Olsztyn, Polen |
| Bentschen | Zbąszyń, Polen |
| Berditschew | Berdytschiw, Ukraine |
| Berestecko | Berestetschko, Ukraine |
| Biela Zerkow | Bila Zerkwa, Ukraine |
| Bielitz | Bielsko-Biala, Polen |
| Bladiau | Pjatidoroschnoje, Kaliningrad |
| Breslau | Wroclaw, Polen |
| Bromberg | Bydgoszcz, Polen |
| Czdow | Tschudniw, Ukraine |
| Daugavpils | Dünaburg, Lettland |
| Dnepropetrowsk | Dnipro, Ukraine |
| Eblingen | Eblange, Frankreich |
| Edytkau | Tschernyschewskoje, Kaliningrad |
| Esseg | Osijek, Kroatien |
| Friedland | Prawdinsk, Kaliningrad |
| Geminden am Main | Gemünden am Main, Deutschland |
| Gomel | Homel, Weißrussland |
| Groß Hoppenbruch | Snamenka, Kaliningrad |
| Gr. Kanischa | Nagykanizsa, Ungarn |

| | |
|---|---|
| Groß Wartenberg | Sycov, Polen |
| Gshatsk | Gagarin, Russland |
| Gumbinnen | Gussew, Kaliningrad |
| Heydebreck | Kędzierzyn, Polen |
| Indije | Indija, Serbien |
| Insterburg | Tschernjachowsk, Kaliningrad |
| Kattowitz | Katowice, Polen |
| Kirawograd | Kropywnyzkyj, Ukraine |
| Kowno | Kaunas, Lettland |
| Krementschug | Krementschuk, Ukraine |
| Kreuzburg | Slawskoje, Kaliningrad |
| Kritschew | Krytschau, Weißrussland |
| Kriwoj Rog | Krywyj Rih, Ukraine |
| Lide | Lida, Weißrussland |
| Ludwigsort | Laduschkin, Kaliningrad |
| Lundenburg | Breclav, Tschechien |
| Medvedeo | Medvedevo, Russland |
| Miropol | Myropil, Ukraine |
| Fridek-Mistek | Frýdek-Místek, Tschechien |
| Mitrowica | Sremska Mitrovica, Serbien |
| München-Gladbach | Mönchen-Gladbach, Deutschland |
| Myslowitz | Myslowice, Polen |
| Neuenburg | Nymburk, Tschechien |

| | |
|---|---|
| Neufchatel | Neufchatel-en-Bray, Frankreich |
| Neutitschein | Nový Jičín, Tschechien |
| Nisch | Niš, Serbien |
| Novo-Dugino | Nowodugino, Russland |
| Nowomirgorod | Nowomyrhorod, Ukraine |
| Oderberg | Bohumin, Tschechien |
| Olmütz | Olomouc, Tschechien |
| Ostrog | Ostroh, Ukraine |
| Ödenburg | Sopron, Ungarn |
| Öls | Oleśnica, Polen |
| Pantschewo | Pančevo, Serbien |
| Petrikau | Piotrkow Trybunalski, Polen |
| Pillau | Baltijsk, Kaliningrad |
| Pirjatin | Pyrjatyn, Ukraine |
| Ploeschti | Ploieşti, Rumänien |
| Polozk | Polazk, Weißrussland |
| Posen | Poznań, Polen |
| Prerau | Prerov, Tschechien |
| Quilitten | Schukowka, Kaliningrad |
| Rosenberg | Krasnoflotskoje, Kaliningrad |
| Rshew | Rschew, Russland |
| Schytomir | Schytomyr, Ukraine |
| Semlin | Zemun, Serbien |

| | |
|---|---|
| Sillein | Zillina, Tschechien |
| Sisek | Sisak, Kroatien |
| Sitschewka | Sytschowka, Russland |
| Spas-Demenskoja | Spas-Demensk, Russland |
| Steinamanger | Szombathely, Ungarn |
| St. Trond | Sint-Truiden, Belgien |
| Swenigorodka | Swenyhorodka, Ukraine |
| Tenkitten | Beregowoje, Kaliningrad |
| Teschen | Ciezyn, Polen |
| Tetschen | Děčín, Tschechien |
| Troppau | Opava, Tschechien |
| Tschenstochau | Częstochowa, Polen |
| Tschernigow | Tschernihiw, Ukraine |
| Wirrballen | Virbalis, Litauen |
| Wischau | Vyškov, Tschechien |
| Witebsk | Wizebsk, Weißrussland |
| Wolkowysk | Waukowysk, Weißrussland |
| Zamocz | Zamość , Polen |
| Zinten | Kornewo, Kaliningrad |